CERVEAU ET NATURE

DU MÊME AUTEUR
DANS LA MÊME COLLECTION

Améliorer son cerveau. Le vrai pouvoir des neurosciences

Cerveau et silence. Les clés de la créativité et de la sérénité

Michel Le Van Quyen

CERVEAU ET NATURE

Champs sciences

ISBN : 978-2-0801-4632-8

Pour mes petits choux,
Ellinor, Raphael et Gabriel

1

Notre cerveau a besoin de nature

Moins de vie sociale, de sorties, plus d'écrans et de peur face à la maladie : la pandémie du Covid-19 nous éprouve psychologiquement depuis de nombreux mois. Les répercussions sur le mental et la santé des personnes sont immenses. Essayons de revenir un peu en arrière et de tâcher de comprendre ce qui a été mis en jeu.

Il y a à peine deux ans, en mars 2020, plus de 3 milliards d'êtres humains étaient confinés à travers le monde. Pour la plupart, ce fut une terrible épreuve qui a représenté un choc psychologique considérable, une véritable expérience traumatique à l'échelle de la planète. Derrière ces portes closes, coupés des autres, beaucoup ont perdu leur raison de vivre. D'où souffrance, sentiment d'abandon et dépression chez les personnes les plus fragiles. Depuis cette période inédite d'enfermement, le temps s'est en quelque sorte arrêté, et une ombre d'inquiétude affecte notre quotidien.

Ne plus voir les gens en chair et en os ou les entrapercevoir sous les masques, ne plus lire les expressions de leur visage, les détails d'un sourire, tous ces petits empêchements ont conduit à beaucoup de frustration, voire de détresse. Après ces mois d'urgence sanitaire et de mise à distance d'autrui, un malaise profond s'est insinué chez nombre d'entre nous. La crise l'a souligné : la présence des autres, leur contact direct sont essentiels à nos vies. Flâner en ville, m'asseoir à une terrasse de café et regarder les gens passer m'a également manqué, à titre personnel. Le confinement a aiguisé notre conscience de ce qui compte le plus à nos yeux et aussi d'un tas de petits riens que nous jugions, à tort, dénués d'importance.

D'une manière inattendue, une autre forme d'absence s'est aussi fait sentir : celle de la nature. En ce qui me concerne, au début du premier confinement, j'ai été assigné à résidence dans un petit appartement à Paris et j'ai dû me contenter des quelques arbres d'un square à proximité pour « respirer ». Vous en avez sans doute fait l'expérience comme moi : à Paris ou dans les grandes villes françaises les plus denses, dans les quartiers les plus pauvres aussi, l'accès aux espaces verts est toujours un luxe. Les chiffres parlent d'eux-mêmes : en région parisienne ou dans les zones les plus peuplées, on estime que les espaces boisés et naturels représentent 1 m^2 par habitant, un chiffre moyen en constante diminution [1]. Mais, avec la mise en place des mesures de confinement, l'accès aux parcs et aux jardins a été encore plus limité que d'habitude. Plusieurs mairies ont même tout bonnement fermé leurs espaces verts

1. C. Tedesco, « La nature en ville. Base pour un carnet pratique », Institut d'aménagement et d'urbanisme – Île-de-France, 2014.

urbains ! Pendant de nombreux mois, donc, les yeux collés à l'écran de leur ordinateur, la plupart des citadins ont été littéralement coupés du vivant.

Les mesures d'interdiction ont rapidement été contestées. Souvenez-vous : dès le printemps 2020, une pétition en faveur d'un « un accès responsable à la nature », lancée par le journal *Reporterre*, récoltait plus de 200 000 signatures [1]. Comme l'a souligné Christophe André, un cosignataire, une promenade en plein air ne risque en rien de propager le virus et offre la seule bulle de calme, d'instant de régénération, pour tous ceux qui ne possèdent ni logement avec balcon ni jardin. À l'inverse, selon le psychiatre du Service hospitalo-universitaire de l'hôpital Sainte-Anne à Paris, être forcé à rester chez soi peut entraîner des conséquences dramatiques sur le moral et la fatigue mentale [2].

Après le premier confinement, tous les indicateurs de la santé psychologique ont montré que ce constat sonnait juste. Les premières enquêtes rétrospectives ont en effet révélé que près d'un tiers des Français vivait une situation de détresse, notamment les personnes cloîtrées dans des logements suroccupés [3]. Au contraire, le

1. B. Fernandez, S. Petitdemange, « Pour un accès responsable à la nature en confinement », *Reporterre,* 2020 (https://reporterre.net/Il-faut-autoriser-l-acces-aux-espaces-naturels-pendant-le-confinement).

2. S. K. Brooks, R. K. Webster, L. E. Smith, L. Woodland, S. Wessely, N. Greenberg, G. J. Rubin, « The psychological impact of quarantine and how to reduce it : rapid review of the evidence », *The Lancet,* 395(10 227), 2020, pp. 912-920.

3. C. Grandré, M. Coldefy, T. Rochereau, « Les inégalités face au risque de détresse psychologique pendant le confinement.

confinement s'est mieux déroulé pour celles ayant pu bénéficier d'activités de plein air. Cela a été montré, notamment, par une étude réalisée en plein milieu du premier confinement [1] : sortir de chez soi, de temps en temps, et s'éloigner des écrans a permis à beaucoup d'individus de réduire l'anxiété et le stress d'être bloqué à la maison. D'où, probablement, la soudaine passion d'un nombre incalculable de citadins pour le jogging…

Mais un autre constat intéressant a aussi été fait : les personnes vivant dans une maison avec un jardin ou un petit espace fleuri ont traversé plus facilement, en moyenne, cette période difficile que celles habitant un deux-pièces sans balcon avec vue sur du béton. Même sans jardin, pendant les quelques moments de liberté qui furent accordés, beaucoup ont compris que s'échapper dans un espace vert à proximité de leur domicile réduisait le stress et les incertitudes.

Atmosphère de fin du monde

Paradoxalement, en même temps qu'il nous privait en partie du lien avec la nature, l'arrêt des activités

Premiers résultats de l'enquête COCLICO du 3 au 14 avril 2020 », *Questions d'économie de la santé,* 249, IRDES, et étude réalisée par l'Institut national de la statistique et des études économiques (STATEC).

1. S. Stieger, D. Lewetz et V. Swami, « Emotional well-being under conditions of lockdown : an experience sampling study in Austria during the COVID-19 pandemic », *J. Happiness Stud.*, 2021.

Parmi d'autres animaux sauvages ayant exploré nos villes, ces sangliers à Ajaccio, le 18 avril 2020.

humaines a donné aux villes des airs de forêts. Des airs chantants : grâce à l'atténuation du bruit ambiant (en Île-de-France, il a chuté de 50 à 80 % – de 5 à 7 décibels le jour –, et la nuit jusqu'à 90 % – 9 décibels sur certains axes de Paris intra-muros, selon Bruit Paris), on a pu entendre le chant des oiseaux aux fenêtres. Certains animaux sauvages comme des sangliers se sont mis à déambuler dans la ville d'Ajaccio (voir ci-dessus), et un renard a même fait son apparition au Père-Lachaise, à Paris ! Une atmosphère de fin du monde, presque sympathique. Dans les rues désertées des grandes villes [1], certains ont pu expérimenter, pendant leurs promenades en solitaire, les

1. L. Belot, « Confinement : "L'exposition au bruit et au silence est très inégalitaire" », *Le Monde*, 28 mars 2020.

vertus du silence. Des expériences nouvelles et bouleversantes.

Mais de ce premier confinent, qui devait n'être qu'une parenthèse, nous sommes passés à un cortège de nouvelles restrictions, et le malaise s'est prolongé : la dégradation de notre moral n'a fait que renforcer le désir de nous évader en pleine nature. Une grande enquête [1] a révélé un besoin des hommes, et davantage encore des femmes, de se tourner vers la nature pour faire face à la pandémie. Bref, en raison de l'ampleur du choc qu'elle a causé, la crise sanitaire a bouleversé notre façon de vivre et nous a obligés à réfléchir à ce qui nous est essentiel. Et un constat s'impose : la nature est un élément nécessaire au bien-être des individus. Cette prise de conscience a même conduit certains à quitter les villes : les journaux télévisés font leurs choux gras d'exemples de Parisiens qui, poussés par la pandémie, partent chercher l'eldorado en province.

Pourquoi les espaces naturels sont-ils si vitaux en cette période troublée ? La réponse est simple : la nature nous « ressource », elle « infuse en nous son énergie » et « suspend momentanément nos préoccupations et nos conflits intérieurs » [2]. Elle nous procure des émotions profondes, qui évacuent le stress et augmentent le bien-être. Oui, c'est indéniable, il se passe quelque

---

1. L. Bourdeau-Lepage, « Le confinement, révélateur de l'attrait de la nature en ville », *The Conversation*, 19 octobre 2020 (https://theconversation.com/le-confinement-revelateur-de-lattrait-de-la-nature-en-ville-147147).

2. C. André, « Notre cerveau a besoin de nature », *Cerveau & Psycho*, novembre-décembre 2012.

chose d'unique au contact de la nature… Qui n'a jamais eu le souffle coupé lorsqu'il découvre un paysage naturel pour la première fois ? Sa beauté nous fascine, nous touche. Un coucher de soleil, un ciel étoilé, une vallée verdoyante peuvent nous laisser muets d'admiration. Et surtout, contrairement à d'autres situations qui nous rendent aussi heureux, c'est une source continue de joie, qui ne s'épuise jamais.

Pour moi, c'est surtout la forêt qui engendre cet effet très particulier. J'y retourne dès que je peux, dès que la fatigue m'accable. Et à chaque fois, par la simple vision des arbres, les soucis et les préoccupations du moment (surtout associés aux conflits avec les autres, par ailleurs) se trouvent aussitôt relativisés, voire dissipés. Comme l'observe le philosophe Alexandre Lacroix, qui se demande pourquoi nous ressentons tant d'émotions face au spectacle de la nature :

> Un paysage, ce sont des apparences sans cesse rafraîchies, dont l'écoulement ne se tarit jamais. La nature est un univers pluriel qui se renouvelle sans cesse [1].

L'heure, le temps qu'il fait et la saison la transforment en un fascinant tableau aux couleurs changeantes.

Entre fantasme et réalité

C'est entendu, les confinements nous ont rappelé à quel point nous avons besoin des sensations que

1. A. Lacroix, *Devant la beauté de la nature*, Allary Éditions, 2018.

nous offre la nature. Mais difficile de mettre précisément des mots sur ces émotions profondes… Difficile aussi de ne pas tomber dans les multiples pièges que nous tend ce « sentiment de nature », qui flirte avec l'idéalisation un peu naïve.

Il faut le reconnaître : derrière ces envies de vert se cache aussi quelque chose qui relève d'un fantasme. C'est le mythe d'un « état de nature », d'une nature innocente et bonne, qui remonte au début de l'humanité. Et, faut-il le rappeler, avec Adam et Ève, tout avait commencé dans un jardin et se terminait par une expulsion de celui-ci. On retrouve cette idée d'une nature rédemptrice, mais radicalement extérieure à nous, à partir du XIXe siècle, avec l'avènement de la civilisation industrielle. Cette nature est donc typiquement moderne et, partant, le fruit d'un imaginaire collectif qui a bien peu à voir avec la réalité du monde sauvage !

Il n'est pas interdit de rêver. Mais ces fantasmes sont si mobilisateurs qu'ils conduisent des gens à fuir et à tout quitter. La pandémie liée au coronavirus n'a fait qu'accentuer cette tendance. Avec l'idée d'un « retour à la nature », des personnes partent vivre dans les bois [1], où l'aventure dans des habitats de fortune vire parfois au cauchemar. On pense aussi à Sylvain Tesson, parti s'isoler six mois dans une cabane en Sibérie [2]. Ces tentatives de robinsonnade, même

1. É. Cortès, *Par la force des arbres,* Éditions des Équateurs, 2020.

2. S. Tesson, *Dans les forêts de Sibérie,* Gallimard Folio, 2011.

temporaires, ne sont pas nouvelles. La plus célèbre a été racontée par Henry David Thoreau, en 1845, dans son livre *Walden ou la Vie dans les bois*. Thoreau a vécu pendant deux ans, deux mois et deux jours au milieu de la forêt du Maine, à l'écart de toute civilisation. Il envisageait cette expérience comme un retour au paradis perdu ou à l'âge d'or des origines. Près de deux siècles plus tard, les peurs écologiques contemporaines et l'aggravation (bien réelle, celle-ci) de la crise environnementale ont rendu encore plus pressante cette quête de sens.

Or le désir de nature n'a pas que des vertus. Il peut pousser à des comportements excessifs. D'abord, il incite à la consommation, et les industriels se sont engouffrés dans la brèche. À défaut de vivre au vert, les citadins achètent du bio, du local ou du vegan. Des consultants de toutes espèces accompagnent ce marché très profitable : en mal de nature, on se fait ainsi chouchouter à des prix exorbitants dans les centres de naturopathie situés en plein Paris. Et même, lorsque l'on se trouve dans la forêt, il ne suffit plus de contempler les arbres, il faut des impressions encore plus fortes : les embrasser, les enlacer, voire vivre dedans, dans des habitations de fortune.

Néanmoins, il importe de ne pas s'y méprendre : indépendamment de la sincérité discutable de ces comportements et de leurs contradictions, le bien-être éprouvé dans la nature est bien réel. Ce vécu n'est pas une illusion. Et nul besoin d'aller jusqu'en Sibérie ou dans le Maine pour s'exposer à des paysages régénérants. Les environnements naturels de notre quotidien suffisent, même en ville ! Oubliez les chutes du Niagara ou le Grand Canyon : au spectaculaire, privilégiez un instant de pause et d'écoute sur un « bout » de pelouse. Effets bénéfiques prouvés, durables et puissants.

C'est de cette nature qu'il est question dans ce livre. Certes, cet univers est rassurant, inoffensif, car il a été façonné par l'homme au cours des millénaires, mais peu importe. Il s'agit surtout d'un espace de repos et de tranquillité, comme si nous nous protégions derrière un mur invisible dressé face au stress et aux complications du quotidien.

Pour étudier l'effet de la *nature* sur les corps et les esprits, encore faut-il se mettre d'accord sur ce que recouvre ce terme. De quoi parle-t-on précisément lorsqu'on évoque cette notion idéalisée ? Pas facile, tant le terme revêt une multitude de sens, parfois contradictoires. Le dictionnaire Larousse donne quatorze définitions du mot ! Les scientifiques font le ménage en lui préférant souvent les termes plus techniques de « biosphère », de « biodiversité » ou d'« écosystèmes ». Dans ce livre, je continuerai d'utiliser le mot de « nature », car il reste simple et a l'avantage de souligner le côté englobant de ce concept.

Lorsque j'évoque la nature, donc, je veux surtout parler du monde dans son ensemble, mais abstraction faite des créations de l'homme et des transformations qu'il lui a fait subir. En d'autres termes, la nature s'oppose à l'artificiel. Elle inclut donc l'ensemble des phénomènes naturels tels que les espaces verts comme la forêt ou les prairies, la mer, mais aussi les montagnes ; elle comprend, outre la matière, les plantes et les animaux, dont les humains. Cette notion très large se rapproche de celle d'« environnement naturel », qui fait davantage référence à de grandes zones en « plein air » où nous sommes peu intervenus.

Des espaces verts à la matière grise

À bien y réfléchir, nous avons longtemps vécu au contact de cette nature, avant de nous en éloigner. Aujourd'hui, près de 70 % de la population mondiale vit dans les villes, contre seulement 15 % en 1900. En France, l'exode rural a entraîné la désertion de nombreuses campagnes, et trois quarts des Français vivent maintenant en milieu urbain. Ce phénomène a été continu tout le long de l'Histoire, mais s'est accéléré il y a deux cents ans avec la révolution industrielle, marquée par une ruée vers les villes. Deux cents ans, c'est court par rapport à l'histoire de notre espèce, *Homo sapiens,* qui a débuté il y a environ 300 000 années en Afrique, si l'on en croit les plus anciens fossiles découverts à ce jour à Djebel Irhoud, au Maroc.

Et on ne remplace pas en un tournemain des centaines de milliers d'années d'évolution. Deux siècles, c'est bien trop peu pour que, habitué à la nature, notre cerveau s'adapte aujourd'hui à un nouvel espace de vie, totalement artificiel, empli d'informations, de bruit, de sollicitations… Notre environnement a brutalement changé, passant du vert au gris, mais pas notre cerveau. Il reste encore largement celui d'un chasseur-cueilleur des steppes verdoyantes de nos origines paléolithiques.

La similarité de notre cerveau avec celui de nos ancêtres est confirmée, par exemple, par le crâne exceptionnellement bien conservé d'un *Homo sapiens* découvert en 1868 dans l'abri de Cro-Magnon en Dordogne, dans le sud-ouest de la France. Il s'agit du crâne d'un homme de 50 ans, un vieillard pour l'époque. C'est l'un des plus anciens fossiles européens attribués à notre espèce : –26 000, d'après la datation des outils et de la parure qui l'accompagnaient. La comparaison avec le cerveau de l'homme actuel a permis de voir que très peu de choses ont évolué dans l'organisation de notre encéphale depuis l'époque de Cro-Magnon. Dans les deux cas, le cerveau présente un volume relativement semblable, autour de 1 350 cm^3. Les chercheurs sont donc unanimes : Cro-Magnon, c'est déjà nous, l'homme moderne.

Il y a 30 000 ans, même si les conditions climatiques ont dû être très rudes pendant la dernière glaciation, l'accueillante vallée de la Dordogne a fourni un lieu de vie privilégié pour nos ancêtres du Paléolithique supérieur. Le climat y était plus favorable pour les chasseurs-cueilleurs avec, à proximité d'un point d'eau, des gisements de silex ou des pâturages pour les ruminants. Les humains y côtoyaient des rennes, chevaux, bisons, rhinocéros laineux : tous ces animaux que l'on retrouve sur les peintures rupestres des grottes de Lascaux, Chauvet ou Cosquer.

Dans ces premières œuvres d'art, même si les animaux y sont surreprésentés par rapport à la flore, quasiment absente, la nature est une source permanente d'inspiration. De ces chefs-d'œuvre de l'art, on comprend que nos ancêtres bénéficiaient d'une affinité profonde avec les autres êtres vivants. Ces représentations sont l'expression d'une association intime avec l'environnement naturel qui a modelé en profondeur l'humanité et marqué les comportements fondamentaux.

Pour certains chercheurs, même, cette attraction a pourvu l'homme d'un avantage compétitif au cours de l'évolution, en sélectionnant des éléments favorables à sa survie. On pense à l'aptitude à trouver de l'eau potable, à identifier des plantes comestibles ou à suivre la piste d'animaux. Ces caractéristiques ont eu très probablement une influence sur le patrimoine génétique de l'homme moderne. Bien sûr, cette affinité pour la nature va bien au-delà de la simple nécessité de satisfaire des besoins matériels. Elle inclut aussi la recherche de satisfactions esthétiques, cognitives et même spirituelles. Ainsi, depuis que notre espèce est apparue, la nature s'est profondément inscrite en nous.

Une preuve ? La simple vue d'un espace naturel produit spontanément des préférences chez un panel de personnes, sans qu'aucun goût personnel ou culturel ne puisse l'expliquer. C'est ce qu'ont montré dans une expérience célèbre deux chercheurs en psychologie évolutionniste, John Falk et John Balling [1]. À des participants provenant de différents continents, des États-Unis, de l'Europe ou de l'Afrique subsaharienne, les scientifiques ont montré les photos de cinq écosystèmes : la forêt tropicale, le désert, la forêt de conifères, la savane, la forêt de feuillus. Faites vous-même l'expérience et regardez les cinq paysages ci-contre. Lequel préférez-vous ? Celui en A, B, C, D ou E ? Il y a toutes les chances pour que votre choix se porte sur la savane, tout comme les cobayes de Falk et Balling.

Forts de cette étude, les chercheurs ont émis l'hypothèse que la longue adaptation de *Sapiens* à son milieu originel détermine nos préférences spontanées pour certains types de paysages naturels. En effet, bien avant la Dordogne de Cro-Magnon, l'histoire humaine a très probablement débuté dans les savanes africaines, c'est-à-dire des paysages ouverts et peu arborés. Pour nos ancêtres, ces panoramas étaient parfaitement adaptés à leur survie : le regard portant loin, on repère facilement les proies pour la chasse (en particulier des ruminants), on peut aussi s'aplatir dans l'herbe et se cacher des prédateurs s'il le faut. Les arbres ne sont pas trop hauts, et leurs fruits restent à portée de main.

Aujourd'hui encore, la contemplation de ce type de paysage engendre un sentiment de bien-être. Nous le sentons au plus profond de nous. C'est une intuition ou un instinct qui nous assure que les conditions

1. J. D. Balling, J. H. Falk, « Development of visual preferences for natural landscapes », *Environment and Behavior*, 14, pp. 5-28, 1982.

Quel paysage préférez-vous ? La forêt tropicale (A), la savane (B), le désert (C), la forêt de conifères (D), ou la forêt de feuillus (E) ?

pour notre survie sont garanties dans ce milieu naturel. L'émotion éprouvée face à ce type de paysage est donc conditionnée par notre vieux passé commun de chasseurs-cueilleurs et est issue d'une longue coévolution de l'homme avec les ressources environnementales de la savane.

Une source de santé

Une autre preuve scientifique de notre inclination viscérale (et le mot n'est pas galvaudé, vous allez le voir) pour la nature a été donnée en 1984 : c'est la fameuse étude de Roger S. Ulrich, publiée dans la prestigieuse revue américaine *Science* et intitulée « Regarder par la fenêtre améliore la récupération après une opération chirurgicale ». Adolescent, Ulrich avait souffert d'une maladie rénale qui l'avait obligé à passer des semaines entières dans sa chambre, alité. Pendant sa longue convalescence, il avait fini par remarquer que la simple présence d'un grand arbre, qu'il apercevait par la fenêtre, l'aidait à mener son combat contre la maladie. Il s'était alors demandé si la vue que les patients avaient depuis leur chambre d'hôpital pouvait avoir une influence sur leur chance de guérison.

Adulte, cette question continua à le tarauder et, dix ans durant, il recueillit dans de nombreux hôpitaux américains des informations auprès de patients ayant subi une opération chirurgicale abdominale. Les résultats furent spectaculaires : les malades récupéraient mieux lorsqu'ils occupaient une chambre d'hôpital qui donnait sur un paysage naturel, plutôt que sur un mur de briques ! Les premiers avaient besoin de moins d'antidouleurs que les seconds, et ils pouvaient quitter l'hôpital un jour plus tôt en moyenne.

Depuis ces travaux pionniers, une pléthore d'études a confirmé l'influence de la vue « verte » sur la santé physique. Le phénomène s'observe aussi chez les personnes incarcérées [1] : les occupants de cellules avec vue sur un cadre verdoyant manifestent moins de demandes de soin que les autres prisonniers. À noter que des expériences semblables ont été tentées avec des posters de paysages naturels placardés aux murs. Là encore, les résultats ont été positifs. Nous sommes visiblement faits pour réagir favorablement à la simple vue de la nature, qu'elle soit réelle ou artificielle.

Dans le même ordre d'idée, des études épidémiologiques ont révélé des effets de la nature sur la fréquence des maladies. Prenez cette grande étude hollandaise [2]. Les chercheurs ont mis en parallèle les dossiers médicaux de 350 000 personnes avec l'environnement proche de leur lieu de résidence (à moins d'un kilomètre). Tous biais écartés, il en ressort que les personnes les plus entourées par la nature sont

1. E. O. Moore, « A Prison environment's effect on health care service demands », *Journal of Environmental Systems*, 11, pp. 17-34, 1981.

2. J. Maas, R. A. Verhei, S. de Vrie, P. Spreeuwenberg, F. G. Schellevis, P. P. Groenewegen. « Morbidity is related to a green living environment ». *Journal of Epidemiology & Community Health*, 63 (12), pp. 967-973, 2009.

aussi les moins touchées par certaines maladies. C'est notamment le cas pour le diabète, les infections urinaires, les infections intestinales, les migraines, les vertiges, l'asthme, les infections respiratoires supérieures, les maladies coronariennes, les douleurs du cou et du dos… Vous le voyez : la liste est longue.

Des effets ont été aussi rapportés sur le bien-être psychologique, en particulier dans les zones résidentielles. Selon toute vraisemblance, plus les espaces verts y sont nombreux, meilleure est la santé mentale des habitants [1]. Il a été même montré que la santé mentale diminue directement avec la distance qui sépare le domicile des parcs urbains. Au-delà de 300 ou 400 mètres, les habitants commencent à présenter des risques de développer des troubles psychologiques qu'ils n'auraient pas présentés sinon [2].

À l'inverse, fréquenter des espaces verts, même ponctuellement, suffit pour bénéficier d'effets positifs. C'est la conclusion d'une étude récente et publiée dans la revue *Nature Neuroscience* [3]. À l'aide d'une

1. M. Van Den Berg, W. Wendel-Vos, M. Van Poppel, H. Kemper, W. Van Mechelen, J. Maas, « Health benefits of green spaces in the living environment : a systematic review of epidemiological studies », *Urban Forestry & Urban Greening*, *14*(4), 2015, pp. 806-816.

2. R. Sturm, D. Cohen, « Proximity to urban parks and mental health », *The Journal of Mental Health Policy and Economics*, 17 (1), 2014, pp. 19-24.

3. H. Tost, M. Reichert, U. Braun, *et al.*, « Neural correlates of individual differences in affective benefit of real-life urban green space exposure », *Nature Neuroscience*, 22 (9), 2019, pp. 1389–1393.

Les recherches montrent que la simple vue d'un paysage naturel, par la fenêtre, apaise et suscite un sentiment de bien-être. *Fille rousse assise sous la véranda*, huile sur toile de Berthe Morisot, collection privée (1884).

application pour smartphone, les chercheurs ont demandé à une cinquantaine de citadins d'évaluer leur humeur, environ neuf fois par jour pendant une semaine. De plus, la géolocalisation des smartphones a permis de savoir si des zones vertes ont été parcourues par les participants au cours de la journée. La conclusion est sans appel : l'exposition, même transitoire, aux espaces verts dans les villes modifie directement le bien-être des personnes testées.

À cet égard, rappelons que la santé est, selon l'organisation mondiale de la santé (OMS, 1946), « un état de complet bien-être physique, mental et social, et ne consiste pas seulement en une absence de maladie ». Et c'est précisément ce qu'offrent les environnements naturels. Comme je vais l'exposer tout au long de ce livre, être en contact, même temporairement, avec la nature induit des bénéfices sur la santé dans toutes ses dimensions, qu'elles soient physiologiques (bien-être, régénération des fonctions corporelles), cognitives, avec une augmentation des performances intellectuelles (amélioration de la créativité, de l'attention), ou même psychologiques (joie, diminution de la détresse mentale, de l'anxiété et de la dépression). C'est par ailleurs l'une des conclusions principales d'un article paru en 2019 dans la revue *Science*, écrit par 26 scientifiques du monde entier et véritable manifeste sur l'impact positif que procure l'accès à la nature [1].

Et les scientifiques sont unanimes : la nature n'est jamais aussi bénéfique que quand nous en faisons directement l'expérience. Le fait d'être physiquement au contact avec la nature décuple ses effets bénéfiques, et le meilleur moyen consiste à s'y immerger complètement, charnellement, et non d'une manière virtuelle. Les expériences qui sollicitent les cinq sens sont diverses : prendre un bain de forêt, faire face à la mer, se laisser flotter dans l'eau, contempler les premières lumières du jour… Nous les survolerons au

1. G. N. Bartman, C. B. Anderson, M. G. Berman, *et al.*, « Nature and mental health : an ecosystem service perspective », *Science advances*, 5 (7), 2019, pp. 1-14.

fil des chapitres et éluciderons les mécanismes qu'elles mettent en œuvre. Même si ces situations affectent différemment le cerveau, elles nous ramènent toutes à l'aube de l'humanité, en un temps où nous faisions corps avec les éléments naturels. C'est la raison fondamentale qui explique pourquoi nous pouvons tirer profit de ces expériences.

2

Se plonger dans la forêt

Quel écrivain français a le mieux décrit la sensation de plénitude qu'offre une promenade en forêt ? Sans doute Jean-Jacques Rousseau, que son goût pour le grand air conduisait souvent dans la forêt de Montmorency, près de Paris, d'où il rapportait des herbiers. Dans ses nombreux écrits, Rousseau a évoqué le bien-être et le sentiment de connexion suscités par une marche dans les bois, mais son art de la description atteint son apogée dans les *Rêveries du promeneur solitaire.* Il y confie :

> Plus un contemplateur a l'âme sensible, plus il se livre aux extases qu'excite en lui cet accord. Une rêverie douce et profonde s'empare alors de ses sens, et il se perd avec une délicieuse ivresse dans l'immensité de ce beau système avec lequel il se sent identifié [1].

Rousseau n'aurait probablement pas pu écrire son plaidoyer s'il avait vécu au Moyen Âge. La forêt

1. J.-J. Rousseau, *Rêveries du promeneur solitaire*, Septième promenade, Le Livre de Poche, 2001.

d'alors faisait peur. C'était une zone de non-droit, c'est-à-dire un lieu n'appartenant à personne, dans lequel on hésitait à s'aventurer, par crainte de s'y égarer ou d'y rencontrer des bêtes sauvages. Surtout, la forêt était par excellence, indépendamment des dangers réels qu'on y rencontrait, un lieu d'histoires que l'on raconte, dans lequel se projetaient des peurs, des légendes, des traditions ou, pour le dire autrement, de l'imaginaire. Pour toutes ces raisons, une représentation de la forêt, à la fois mystique et historique, s'est constituée depuis le fond des âges [1].

Aujourd'hui, la forêt n'effraie guère et n'est plus cet ogre qui avalait les égarés. Par ailleurs, nos relations avec elle ont beaucoup changé au cours des derniers siècles. La plupart des forêts dites « sauvages » sont souvent construites ou même totalement inventées par l'humain (comme la forêt de Brocéliande de la légende arthurienne, qui n'a jamais existé qu'à travers la littérature). Il n'existe pratiquement plus de forêts dans le monde où l'homme n'a jamais mis les pieds, de bois qu'il n'a pas aménagés et exploités. Loin des légendes, les forestiers parlent aujourd'hui d'un espace de « multifonctionnalité forestière ». Cette expression barbare souligne les diverses attentes des « usagers » de la forêt, selon qu'ils sont propriétaires, agriculteurs, chasseurs, randonneurs, ornithologues ou sportifs.

---

1. R. Harrison, de l'université de Stanford, a évoqué l'histoire de ce processus dans son magnifique livre *Forêts, Essai sur l'imaginaire occidental,* Flammarion, « Champs », 2010.

Devenue un territoire inoffensif et familier, la forêt n'en conserve pas moins une part de mystère à mes yeux. Il persiste quelque chose d'unique à marcher dans les profondeurs d'une forêt. C'est surtout une expérience sensorielle, une plongée dans un univers d'odeurs, de sons et même de stimulations tactiles. On y est immergé dans le parfum de l'humus, le bruissement des feuilles et la caresse du vent. Très justement, les Japonais évoquent les promenades dans les bois en parlant de *shinrin-yoku*, littéralement des « bains de forêt ». Pour bien en profiter, ils recommandent de marcher très lentement et de marquer régulièrement des pauses en s'enivrant de chaque information apportée par les sens (il va de soi que téléphones portables et autres appareils photo sont consignés à la maison).

Rien de tel qu'une marche en forêt pour se détendre. Si Rousseau en appréciait les vertus, c'est parce que la marche solitaire fait rencontrer la nature extérieure et la vie intérieure dans un flux unique que le rythme des pas porte et soutient. Sans être philosophes, nous connaissons tous ces instants où le corps et l'esprit fusionnent. Mais pourquoi le simple fait de se promener en plein milieu de la forêt est-il si positif sur notre bien-être ? Quels en sont les mécanismes ?

Aux racines du bien-être

D'une manière très prosaïque, n'en déplaise aux écrivains romantiques, ces bénéfices s'expliquent facilement en invoquant la physiologie du système nerveux. En effet, le calme forestier sollicite une partie de notre cerveau le plus ancestral, le système nerveux autonome. On l'appelle aussi le système végétatif (notez la référence explicite au végétal), celui qui ne dépend pas de notre volonté et qui règle les activités vitales de l'organisme. Quand on examine le cerveau de près, on constate qu'il possède de spectaculaires ramifications qui se déploient dans tout le corps. Nombre de nerfs très importants naissent dans l'encéphale pour rejoindre nos organes et nos différents tissus. Ce système nerveux dit « périphérique » était déjà bien connu des anatomistes de l'Antiquité et, en particulier, par le plus célèbre d'entre eux : Galien. Grâce aux soigneuses dissections pratiquées sur des animaux, le scientifique avait en particulier observé l'existence d'une double chaîne de ganglions – des petits sacs de neurones – organisée parallèlement à la colonne vertébrale et qui innerve ensuite les viscères.

Pourtant, ce n'est qu'au début du XXe siècle que le fonctionnement de ce réseau de nerfs a été enfin compris. Confirmant les observations de Galien, l'Américain John Langley découvrit en outre que ce système se décompose en deux grandes branches, les systèmes sympathique et parasympathique, lesquels participent tous les deux à la régulation automatique, c'est-à-dire inconsciente, des fonctions vitales telles que le rythme cardiaque, la respiration, les fonctions digestives et la tension des muscles lisses (des muscles lents qui produisent les contractions d'organes comme les intestins et le système urinaire).

Ces systèmes s'activent alternativement : lors d'une situation de peur, de colère ou de stress, c'est le réseau sympathique qui se déclenche. En stimulant la glande surrénale (située juste au-dessus du rein), il inonde le corps d'adrénaline, de noradrénaline et de cortisol, dont l'effet est de fournir au corps l'énergie nécessaire à l'action. L'esprit est en alerte, prêt au combat ou à la fuite. C'est le « coup de sang » que nous avons tous ressenti dans diverses situations stressantes : la tension musculaire s'accroît, le rythme cardiaque s'accélère, les vaisseaux sanguins de la peau se contractent, tandis que le sang est redirigé vers les muscles et le cerveau pour les préparer à agir.

À l'inverse, lors d'une situation de repos, le système parasympathique (composé d'exactement 12 nerfs crâniens, dont le principal est le nerf vague) permet aux fonctions vitales de récupérer. Il induit un ralentissement général des fonctions de l'organisme. Tel un chef d'orchestre, il ordonne une baisse de tempo du rythme cardiaque, de l'activité respiratoire, ainsi qu'une diminution de la tension artérielle. Grâce au système parasympathique, il devient ainsi possible de se détendre après l'action, de digérer, et même de dormir.

En conditions normales, les systèmes parasympathique et sympathique travaillent en opposition : quand l'un s'active, l'autre est en veille, et vice-versa. Imaginez un conducteur au volant d'une voiture dont le pied passe de l'accélérateur au frein, mais qui n'appuiera jamais sur les deux pédales en même temps. Le système nerveux parasympathique agit comme le frein, alors que le système nerveux sympathique est un accélérateur. Un subtil équilibre se joue dans notre corps à chaque instant, avec comme résultat la production de divers messagers moléculaires tels que des hormones (adrénaline, cortisol, rénine, insuline, etc.), des neuropeptides, des cytokines et d'autres substances qui activent ou inhibent l'activité de l'organisme. Cette balance contribue à la bonne santé de toutes les fonctions physiologiques : le métabolisme énergétique, les fonctions cardio-circulatoires et respiratoires, le fonctionnement des organes et des viscères, l'équilibre endocrinien et les défenses immunitaires.

Je me suis attardé sur ce système nerveux autonome, car c'est *via* ce dernier que la forêt présente une forte action bénéfique. Le lien nous est connu depuis 2004, quand plusieurs études se sont penchées, au Japon, sur les effets des milieux forestiers sur la santé humaine [1]. Un des pionniers du domaine est le professeur Qing Li, de la Nippon Medical School, à Tokyo [2]. Avec son équipe, il a placé deux groupes

1. B. J. Park, Y. Tsunetsugu, T. Kasetani, T. Kagawa, Y. Miyazaki, « The physiological effects of Shinrin-yoku (taking in the forest atmosphere or forest bathing) : evidence from field experiments in 24 forests across Japan », *Environmental Health and Preventive Medicine*, 15(1), 2010, pp. 18-26.

2. Q. Li, T. Otsuka, M. Kobayashi, Y. Wakayama, H. Inagaki, M. Katsumata, Y. Hirata, Y. Li, K. Hirata, T. Shimizu, H. Suzuki, T. Kawada, T. Kagawa, « Acute effects of walking in forest environments on cardiovascular and metabolic parameters », *European Journal of Applied Physiology*, 111(11), 2011, pp. 2845-2853.

d'individus, l'un en forêt et l'autre en ville, et a prélevé des échantillons sanguins à différents moments de la journée (au réveil, avant et après la marche, avant et après l'observation de la nature) qui ont permis de déterminer si l'environnement avait un impact sur les paramètres biologiques. Le résultat ? L'activité parasympathique, c'est-à-dire l'activité nerveuse qui régule la détente, connaît une augmentation de 100 % pendant la marche en forêt, par rapport à la marche en ville. La concentration en cortisol, qui est un marqueur du système sympathique, subit une baisse concomitante de 16 %.

Dans la forêt, le système nerveux parasympathique est donc activé et ralentit globalement la physiologie du corps. Celui-ci se calme petit à petit, ce qui se traduit par un état de bien-être, biologiquement et psychologiquement, régénérant. C'est l'un des pouvoirs d'une simple balade en forêt : elle apaise, ralentit le tempo de la respiration et le rythme cardiaque.

Dans ce cadre, de nombreuses recherches ont prouvé les effets de la forêt sur le système cardiovasculaire, notamment sur le pouls, la tension artérielle et la variabilité du rythme cardiaque. En particulier, plusieurs études japonaises ont montré une action positive et significative sur tous ces facteurs, par comparaison à l'exposition à des milieux urbains [1].

---

1. C. Song, H. Ikei, Y. Miyazaki, « Elucidation of a physiological adjustment effect in a forest environment : A pilot study », *International Journal of Environmental Research and Public Health*, 12(4), 2015, pp. 4247-4255.

L'impact est particulièrement prononcé chez les sujets âgés, comme le montrent d'autres travaux plus récents. Une étude a notamment porté sur des participants de 45 à 86 ans [1], qu'on a équipés d'un appareil de mesure de l'activité cardiaque. Après une marche en forêt, les enregistrements ont mis en évidence une diminution significative du rythme cardiaque et de la pression artérielle. C'est bien la preuve d'une influence sur le système parasympathique.

Les odeurs bienfaisantes

Entrons dans les détails. La forêt est un environnement riche, où la nature stimule tous nos sens, et, indéniablement, chacun d'entre eux contribue à l'« aura » apaisante qui s'en dégage. Je vous propose de nous arrêter un instant sur l'odorat, un acteur essentiel de la scène. De façon générale, nous attachons davantage d'importance dans notre vie quotidienne à la vue et à l'ouïe qu'à l'odorat (hormis, peut-être, quand nous cuisinons !). L'odorat humain est peu développé, c'est vrai. Essayez de localiser précisément la source d'une odeur autour de vous par le seul truchement de votre nez : il est probable que vous n'y arriverez pas.

---

1. C. P. Yu, C. M. Lin, M. J. Tsai, Y. C. Tsai, C. Y. Chen, « Effects of short forest bathing program on autonomic nervous system activity and mood states in middle-aged and elderly individuals », *International Journal of Environmental Research and Public Health*, 14(8), 2017, p. 897.

L'évolution a considérablement réduit nos capacités olfactives au cours des dernières centaines de milliers d'années. Et, de fait, nous vivons aujourd'hui dans une société du « visuel ». Les écrans, les interactions sociales, même le livre que vous êtes en train de lire, toutes ces informations sont principalement relayées par les yeux. Je parierais même que la dégradation de notre système olfactif a facilité la pollution des villes – sans cela, nous n'aurions jamais accepté que la qualité de l'air s'amenuise à ce point…

Pour en revenir à la forêt, vous n'en avez sûrement pas conscience, mais l'expérience olfactive occupe une place essentielle lors d'une balade dans les bois. Pourquoi ? Parce que l'atmosphère y est particulièrement riche en une classe particulière de molécules organiques, les « phytoncides » (baptisées ainsi par le biologiste russe Boris Petrovich Tokin, qui les identifia en 1928). En fait, il s'agit de tout un mélange de composés organiques émis dans l'air par les arbres : terpénoïdes, pinènes, bornéol, linalol, limonènes… Leur rôle ? Pour l'essentiel, ils défendent les végétaux en cas d'attaque par des bactéries ou des champignons nuisibles.

Beaucoup d'ingrédients de nos cuisines renferment des phytoncides. L'ail, par exemple, en contient un très puissant, l'allicine, reconnaissable à sa forte odeur et connu pour ses effets inhibiteurs sur des bactéries. D'une manière plus générale, l'odeur des phytoncides peut être comparée à un antibiotique léger. J'exagère à peine en considérant la balade en forêt comme une sorte de cure d'« antibiotiques naturels ».

Mais l'influence de ses odeurs est plus profonde encore, pour une raison simple : notre centre de l'odorat est très proche anatomiquement de celui des émotions, en particulier d'une structure cérébrale qui s'appelle l'amygdale (chapitre 4). C'est là que notre cerveau tisse des liens puissants, parfois saugrenus, entre les parfums, les émotions et les souvenirs. Lorsque l'on sent de « bonnes choses », le circuit de la tranquillité, du bien-être, est activé. Il a ainsi été démontré que certaines odeurs, par exemple celles des pins, des cèdres ou des cyprès, ont une forte influence sur le bien-être et soulagent même des patients souffrant de problèmes psychologiques ou psychiatriques[1]. Or il s'avère que les liens neuronaux avec les émotions sont particulièrement stimulés par les phytoncides en général, vraisemblablement parce que ces molécules ont aidé nos lointains ancêtres à détecter des ressources importantes à leur survie.

Des chercheurs japonais ont mis en évidence un mécanisme d'action encore plus spécifique des phytoncides sur le système nerveux[2]. Ils ont prouvé que ces molécules volatiles – même lorsqu'elles ne sont pas odorantes et aux doses inhalées dans les forêts – ont une action directe sur le système parasympathique qui,

---

1. R. Z. Herz, « Aromatherapy facts and fictions : a scientific analysis of olfactory effects on mood, physiology and behavior », *International Journal of Neuroscience*, 119(2), 2009, pp. 263-290.

2. M. Kawamoto, K. Kawakami, H. Otani, « Effects of phytoncides on spontaneous activities and sympathetic stress responses in Wistar Kyoto and stroke-prone spontaneously hypertensive rats », *Shimane Journal of Medical Science*, 25, 2008, pp. 7-12.

comme on l'a noté, régule toutes les fonctions de régénération et de détente du corps. En parallèle, les phytoncides inhibent aussi le système nerveux sympathique, celui qui réagit au stress. C'est probablement par ce mécanisme que ces molécules naturelles offrent leurs actions positives sur le bien-être.

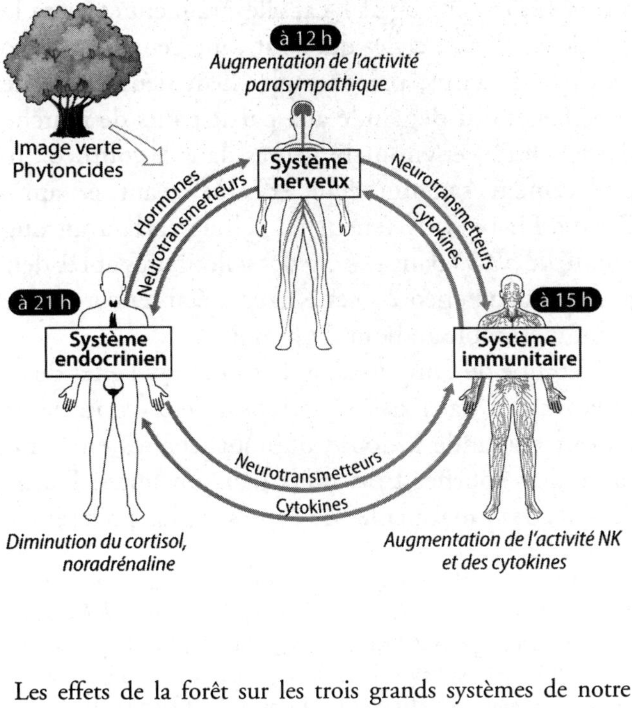

Les effets de la forêt sur les trois grands systèmes de notre organisme : nerveux, immunitaire et endocrinien. Ces trois systèmes sont constamment en communication et en collaboration pour assurer le bien-être et la santé de tout un chacun.

Un ultime bénéfice des parfums de la forêt réside dans leur effet sur le système immunitaire. Une démonstration particulièrement spectaculaire en a été fournie par l'équipe du professeur Qing Li sur les phytoncides de résineux comme les cyprès [1]. Les chercheurs se sont intéressés à leur impact sur une catégorie de globules blancs impliqués dans les défenses immunitaires. Ces cellules sont qualifiées de « tueuses naturelles » (ou NK, *natural killers* en anglais), car elles traquent et tuent les cellules malades, celles qui sont cancéreuses ou infectées par un virus, par exemple. Dans leur étude, les chercheurs ont demandé aux participants de marcher dans la forêt, environ six heures dans la journée ; un prélèvement sanguin était effectué avant et après. Bilan ? Eh bien, la teneur en cellules NK avait augmenté de 50 % dans le sang des volontaires après deux jours ! Mieux encore : cette hausse était encore nettement mesurable au bout d'un mois.

L'équipe de Qing Li a par la suite testé l'effet de ces phytoncides dans des situations mieux contrôlées [2]. Ils ont demandé à douze quinquagénaires en bonne santé de séjourner trois nuits dans un hôtel. Durant la nuit, des phytoncides de cyprès – plus précisément

---

1. Q. Li, T. Kawada, « Effect of forest environments on human natural killer (NK) activity », *International Journal of Immunopathology and Pharmacology*, 24(S1), 2011, pp. 39-44.

2. Q. Li, M. Kobayashi, Y. Wakayama, H. Inagaki, M. Katsumata, Y. Hirata, K. Hirata, T. Shimizu, T. Kawada, B. J. Park, T. Ohira, T. Kagawa, Y. Miyazaki, « Effect of phytoncide from trees on human natural killer cell function », *International Journal of Immunopathology and Pharmacology*, 22 (4), 2009, pp. 951-959.

un parfum nommé « hinoki », au Japon – étaient délivrés dans leur chambre, à des concentrations plus ou moins fortes. En dormant, les participants respiraient donc cette huile essentielle. Après les tests, les chercheurs ont de nouveau constaté une augmentation du nombre et de l'activité de leurs cellules NK.

Les cellules NK ayant un effet antitumoral reconnu, les chercheurs suggèrent qu'une promenade en forêt peut contribuer à la prévention contre le cancer. Néanmoins, beaucoup d'études sont encore nécessaires pour mieux comprendre ces influences complexes et, en particulier, les bénéfices d'arbres bien particuliers. Bref, il reste beaucoup à comprendre. Mais, même si les chercheurs continuent à se poser des questions, il est déjà clair qu'un week-end de marche en forêt renforce le système immunitaire pendant plusieurs semaines, ce qui nous protège contre les infections bénignes du type rhume ou de la grippe.

Comment réduire l'inflammation

Le stress n'est pas bon pour la santé. Bien sûr, à petites doses, il est nécessaire et nous aide à affronter les difficultés du quotidien, en nous procurant une petite dose d'adrénaline. Reste à trouver le bon équilibre entre le stress et le repos… Que cette balance penche d'un côté, et c'est tout le système nerveux autonome qui se dérègle ! Nous le voyons lorsque nous vivons de façon prolongée des événements désagréables, ou bien sous l'effet répété de ruminations anxieuses : ces situations créent un état de mal-être chronique. La faute en revient aux hormones associées au stress (dont le cortisol), indispensables pour réagir vite face à certains dangers, mais que nous nous mettons à produire en trop grande quantité. De bénéfiques, ces hormones deviennent alors nocives.

Les effets néfastes du stress sont notamment bien connus sur le système cardiovasculaire : chez les personnes soumises à un stress chronique, il existe un risque accru de maladies coronariennes et même de décès par pathologies cardiovasculaires (capables de déclencher un accident vasculaire cérébral, par exemple). C'est ce qu'indique une étude rétrospective [1] qui a porté sur plus de 10 000 patients issus de 52 pays, ayant souffert d'un infarctus du myocarde. En les comparant à des sujets sans problème cardiaque connu, les chercheurs ont constaté que la survenue de maladies cardiovasculaires était statistiquement corrélée au taux de stress auquel les sujets avaient été soumis l'année précédant leur accident cardiovasculaire.

À dire vrai, les recherches actuelles montrent que les effets du stress chronique vont encore plus loin : ils affectent aussi directement le cerveau. D'une manière assez surprenante, car le mécanisme implique une voie inhabituelle, celle de l'inflammation. L'inflammation est une réaction normale du corps, qui se protège en cas de lésion. Lorsqu'il est stimulé par une

---

1. A. Rosengren, S. Hawken, *et al.*, « Association of psychosocial risk factors with risk of acute myocardial infarction in 11 119 cases and 13 648 controls from 52 countries (the

agression externe (une infection, une allergie ou un traumatisme, par exemple) ou interne (un virus), le système immunitaire déploie son armée de première ligne *via* une « réponse inflammatoire » : il envoie ses soldats, les globules blancs (et, en particulier, une classe particulière appelée les macrophages), vers le site de l'infection par l'intermédiaire des vaisseaux sanguins, cela afin de combattre l'intrus. Nous connaissons tous les premiers signes de la bataille à laquelle se livrent alors les deux camps : rougeur et sensation de chaleur, associées à une douleur plus ou moins intense. Mais l'intensité de la riposte immunitaire doit évidemment être bien adaptée : suffisante pour éliminer l'intrus, mais sans excès pour épargner l'organisme lui-même. Elle doit être aussi spécifique, c'est-à-dire dirigée contre les corps étrangers, en laissant indemnes les molécules propres à l'organisme.

C'est ici que le cortisol joue un rôle ambivalent. Normalement, ce composé, fabriqué par les glandes surrénales situées au-dessus des reins, est anti-inflammatoire. Voilà pourquoi on l'utilise comme médicament (ce sont bien sûr la « cortisone » et ses dérivés, les « corticoïdes ») pour faire cesser l'inflammation dans de nombreuses maladies (tels que le rhumatisme ou les maladies auto-immunes) ou bien pour protéger, par exemple, un organe greffé et diminuer ainsi les risques de rejet. Le cortisol favorise ainsi la réaction de défense immunitaire de l'organisme contre

---

INTERHEART study) : case-control study », *The Lancet*, 364(9438), pp. 953-962.

l'agent agresseur. Toutefois, en situation chronique, comme l'ont montré des chercheurs de Pittsburgh aux États-Unis, les glandes surrénales sécrètent excessivement du cortisol dans le sang, ce qui contribue cette fois à diminuer son effet anti-inflammatoire [1]. L'inflammation, donc le développement de l'infection, va progresser, voire s'installer durablement, puisque l'effet anti-inflammatoire du cortisol baisse. Bref, en situation de stress chronique, le système immunitaire est moins performant.

Le cortisol entraîne un autre effet connu quand le stress persiste : la libération dans le sang de protéines spécifiques, qui sont pro-inflammatoires cette fois (par exemple, les interleukines IL-1 et IL-6). Ce sont des cytokines (du grec *cyto*, « cellule », et *kinos*, « mouvement »), soit de petites protéines normalement sécrétées par les globules blancs après activation par un agent pathogène. En retour, ces cytokines contribuent à augmenter la diffusion de nouveaux globules blancs des vaisseaux sanguins vers le site de l'infection, pour le débarrasser de possibles intrus. D'ordinaire, l'ensemble des cytokines et de leur production sont finement régulées par le système immunitaire. Néanmoins, en cas de stress psychologique, par exemple [2], les cytokines deviennent trop abondantes, et

---

1. S. Cohen, D. Janicki-Deverts, W. J. Doyle, *et al.*, « Chronic stress, glucocorticoid receptor resistance, inflammation, and disease risk », *Proceedings of the National Academy of Sciences*, 109(16), 2012, pp. 5995-5999.

2. Y. Miyamoto, J. M. Boylan, C. L. Coe, K. B. Curhan, C. S. Levine, H. R. Markus, J. Park, S. Kitayama, N. Kawakami, M. Karasawa, G. D. Love, C. D. Ryff, « Negative emotions predict

un cercle vicieux s'établit alors : de plus en plus de globules blancs sont activés, qui produisent encore plus de cytokines pro-inflammatoires… En un mot, le système s'emballe et, à terme, cette réaction inflammatoire s'avère toxique pour l'organisme.

Vous avez probablement entendu parler de cet emballement dans le cadre du Covid-19. C'est ce même phénomène hyperinflammatoire qui est souvent à l'origine de nombreux cas graves. Le système immunitaire s'enflamme et se retourne finalement contre l'organisme, notamment les poumons, mettant la vie du patient en danger. Ce n'est pas tout : au niveau du cerveau, cet « orage cytokinique » peut avoir des conséquences désastreuses en perturbant certains neurotransmetteurs (sérotonine ou dopamine), voire en causant des microlésions dans certaines régions cérébrales (hypothalamus et hippocampe). En effet, les récepteurs de ces différentes cytokines sont présents à la surface des neurones, si bien que leur suractivation entraîne un cortège d'effets, potentiellement négatifs, sur des fonctions cérébrales comme les émotions ou la mémorisation. C'est ainsi que l'inflammation pourrait jouer un rôle important dans l'apparition de troubles majeurs tels que la dépression ou la maladie d'Alzheimer.

À l'inverse, les émotions positives comme le plaisir issu du contact avec la nature sont connues pour réduire la production des cytokines pro-inflammatoires. Cela a été

---

elevated interleukin-6 in the United States but not in Japan », *Brain, Behavior, and Immunity*, 34, 2013, pp. 79-85.

démontré par une étude américaine portant sur plus de 200 jeunes adultes [1]. Ceux-ci ont complété, au cours d'une journée, un questionnaire d'auto-évaluation de leur bien-être psychologique et leur demandant s'ils avaient éprouvé, le jour même, des émotions positives comme l'émerveillement, l'amusement ou la joie. En parallèle, le même jour, des échantillons de tissus ont été prélevés au niveau de la bouche et analysés. Les résultats montrent que ceux ayant fait l'expérience de plusieurs de ces émotions positives, en particulier l'émerveillement face à la beauté de la nature, ont les plus faibles niveaux d'IL6, un des marqueurs de l'inflammation.

C'est probablement par ce biais que la forêt présente une action positive sur notre cerveau, en réduisant les effets toxiques de l'inflammation. Plus précisément, elle rétablit l'équilibre entre les cytokines inflammatoires et les facteurs chargés d'en limiter la production et l'action néfaste (comme le cortisol). Par cette influence régulatrice, le spectacle de la nature renforce en somme notre système immunitaire, améliorant notre santé. À l'inverse, dans les environnements citadins où le stress est permanent, l'action pro-inflammatoire peut s'exacerber, ce qui est susceptible de favoriser des pathologies graves, notamment au niveau du cerveau.

---

1. J. E. Stellar, N. John-Henderson, C. L. Anderson, A. M. Gordon, G. D. McNeil, D. Keltner, « Positive affect and markers of inflammation : discrete positive emotions predict lower levels of inflammatory cytokines », *Emotion*, 15(2), 2015, pp. 129-133.

Ménager son cerveau pour mieux penser

Nos facultés cognitives ont aussi à gagner d'un bain de forêt. Mais de quelle « cognition » parle-t-on exactement ? Il s'agit d'une notion très large, qui comprend notre intellect, notre mémoire ainsi que nos capacités à nous concentrer, à apprendre ou à élaborer de nouveaux concepts de façon logique ou créative. Toutes ces tâches demandent beaucoup d'attention et sont fortement consommatrices d'énergie, ce qui se traduit à court terme par de la fatigue mentale si elles durent trop longtemps. N'oublions pas que le cerveau, tel un muscle, consomme plus de 20 % de nos apports en énergie par jour [1], soit plus que n'importe quel autre organe du corps, alors qu'il pèse à peine 1,5 kg ! La fatigue intellectuelle fait généralement chuter l'attention au bout de quelques dizaines de minutes, puis les performances se réduisent brutalement, sans que nous n'en ayons forcément conscience d'ailleurs.

Comment fait alors le cerveau pour récupérer ? Comme notre corps, ce dernier est conçu pour fonctionner selon des cycles de dépense d'énergie et de régénération. Pour être efficace, il a besoin d'alterner des périodes d'activité à haut niveau de concentration et d'autres de repos – qui l'aident à recharger ses batteries physiologiques, si on veut. Si nous cherchons à

---

1. D. D. Clarke, L. Sokoloff, « Circulation and energy metabolism of the brain », *Basic Neurochemistry : Molecular, Cellular and Medical Aspects*,1999, pp. 637-669.

rester concentrés trop longtemps, nous demandons tout simplement à notre cerveau plus que ce qu'il est en mesure d'accomplir. Et c'est dans ce cadre qu'un contact régulier avec la nature fournit des occasions de récupération mentale.

Ainsi, selon des travaux étonnants de l'université de Melbourne en Australie, la simple vue d'un espace naturel améliore les performances cognitives, et en particulier l'attention et la concentration [1]. Dans cette étude menée en laboratoire, 150 étudiants ont eu pour consigne de cliquer à l'écran avec la souris sur des cibles mouvantes le plus rapidement possible. La tâche était effectuée avant et après une courte pause de quarante secondes, durant laquelle les participants avaient l'occasion de contempler deux types d'images : des espaces verdoyants ou bien des toits en béton. Surprise : les étudiants ayant observé la scène naturelle étaient plus performants ! Leur niveau de concentration augmentait par rapport à ceux mis face à du béton. Ces résultats confirment qu'une pause verte, même de quelques minutes, suffit à retrouver rapidement notre capacité à fixer notre attention.

Fait intéressant, de tels effets cognitifs ont été confirmés *in vivo*. En 2015, une vaste étude a porté sur plus de 2 600 écoliers, âgés entre 7 et 10 ans, vivant à Barcelone [2]. Pendant un an, des scientifiques

1. K. Lee, *et al.*, « 40-second green roof views sustain attention : The role of micro-breaks in attention restoration », *Journal of Environmental Psychology*, 42, 2015, pp. 182-189.

2. P. Dadvand, M. J. Nieuwenhuijsen, *et al.*, « Green spaces and cognitive development in primary schoolchildren », *Procee-*

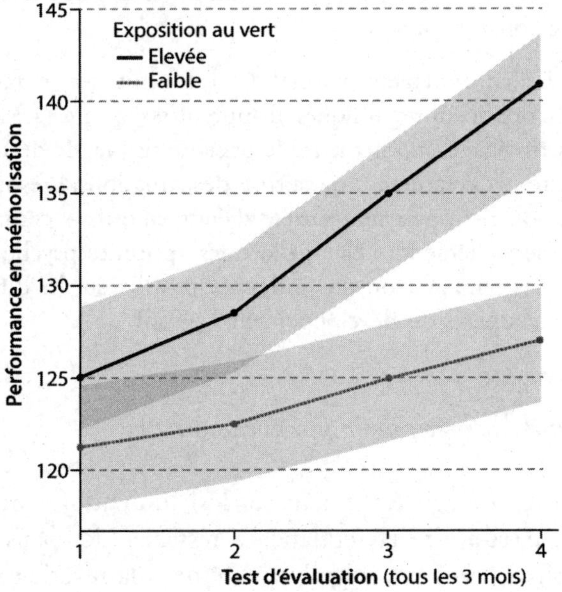

Performance de mémorisation en fonction de la fréquence d'exposition aux espaces verts chez les écoliers. Les deux courbes représentent des expositions faibles et fortes. La différence est patente lorsque l'exposition à la nature est fréquente.

ont étudié les effets de l'exposition quotidienne des enfants aux espaces verts, que ce soit près de leur domicile ou dans leur établissement scolaire. Après analyse, ils ont relevé une augmentation notable de leur capacité de mémorisation (voir ci-dessus) et de leur

dings of the National Academy of Science, 112(26), 2015, pp. 7937-7942.

concentration. Les auteurs concluent leur publication par le constat suivant :

> L'environnement naturel [...] fournit aux enfants des opportunités uniques d'apprentissage, que ce soit en matière d'engagement, de prise de risque, de découverte, de créativité, de maîtrise des situations, d'estime de soi. Il inspire une variété d'états émotifs – comme l'émerveillement – et améliore les aptitudes psychologiques censées avoir une influence positive sur les différents aspects du développement cognitif[1].

Quand la forêt soigne la dépression

La nature agit également sur les ruminations mentales, c'est-à-dire la tendance à ressasser des pensées répétitives, souvent négatives. Même si la rêverie et le vagabondage mental font partie intégrante de notre fonctionnement cérébral, notre cerveau a la fâcheuse habitude, dans ces phases, de tourner en boucle autour des mêmes idées. Nous rabâchons surtout des souvenirs d'événements désagréables, une dispute avec un ami, des soucis professionnels ou familiaux, des problèmes de santé, en somme des situations de la vie qui nous rendent tristes ou anxieux.

Nous en avons tous fait l'expérience, l'invasion mentale dure parfois des jours et des nuits. Se répètent les

---

1. O. Khazan, « Green spaces make kids smarter » , *The Atlantic,* 2015 (www.theatlantic.com/health/archive/2015/06/green-spaces-make-kids-smarter/395924/).

scènes de dispute, des visages, des mots que l'on a dits ou que l'on ne voulait pas dire… Et le pire : en tentant de chasser ces idées noires, nous les faisons surgir plus fréquemment. Dans des situations extrêmes, ces obsessions prennent des proportions dramatiques. Dénommées par les psychiatres « troubles anxieux généralisés », elles sont alors une manifestation connue de certaines maladies psychiatriques, notamment la dépression.

Dans ce contexte, des chercheurs de l'université Stanford, en Californie, ont découvert qu'une bouffée de nature, à savoir une marche d'une heure environ dans un cadre forestier, diminue massivement ces ruminations [1]. Les scientifiques ont en effet demandé à deux groupes de volontaires de partir en balade pendant quatre-vingt-dix minutes, l'un en milieu urbain le long d'une rue à fort trafic routier (« El Camino Real » à Palo Alto, en Californie), et l'autre en pleine nature, en longeant une prairie parsemée de chênes et d'arbustes. Comme l'a établi un questionnaire d'auto-évaluation à l'issue de la promenade, les personnes ayant marché dans la nature ont témoigné qu'elles avaient en moyenne un meilleur moral que le reste du groupe ayant avalé du béton, un constat confirmé, par ailleurs, par beaucoup d'autres études [2] !

---

1. G. N. Bratman, J. P. Hamilton, K. S. Hahn, G. C. Daily, J. J. Gross, « Nature experience reduces rumination and subgenual prefrontal cortex activation », *Proceedings of the National Academy of Sciences*, 112(28), 2015, pp. 8567-8572.

2. D. Djernis, I. Lerstrup, D. Poulsen, U. Stigsdotter, J. Dahlgaard, M. O'Toole, « A systematic review and meta-analysis of nature-based mindfulness : effects of moving mindfulness training

Les chercheurs ne se sont pas contentés de ces observations : juste après la balade, ils ont scanné le cerveau des participants. Ils ont alors remarqué qu'une zone du cerveau voyait son activité baisser chez les randonneurs. Il s'agit d'une petite région, appelée le gyrus cingulaire antérieur. Elle est suractivée chez les personnes ayant tendance à la rumination mentale et aussi chez ceux qui ont marché en ville (voir ci-contre). C'est donc en apaisant cette région qu'une promenade dans un cadre forestier jugule l'anxiété et les pensées obsessionnelles.

Peut-on mieux expliquer ce phénomène ? Dès les années 1990, Rachel Kaplan, de l'université du Michigan, aux États-Unis, en avait déjà donné une explication convaincante. Elle avait suggéré que des scènes de la forêt attirent notre attention d'une façon douce et discrète, de sorte que nous parvenons à échapper à nos ruminations [1]. C'est une forme d'attention particulière qui ne demande aucun effort mental, car les petits changements imprévisibles comme le mouvement des branches dans le vent, les couleurs changeantes du feuillage ou le murmure du vent captivent spontanément notre esprit. En outre, en raison de leur faible intensité, les stimuli naturels fournissent une source de repos pour les sens et constituent ce que l'on pourrait appeler des « micro-expériences restauratrices », capables de rétablir nos capacités attentionnelles.

---

into an outdoor natural setting », *International Journal of Environmental Research and Public Health*, 16(17), 2019, p. 3202.

1. R. Kaplan, S. Kaplan, *The Experience of Nature – A Psychological Perspective*, Cambridge University Press, 1989.

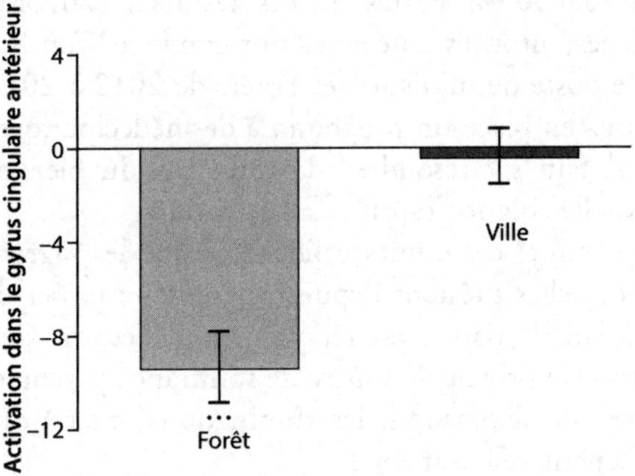

La forêt entraîne une baisse de l'activité des structures cérébrales associées à la rumination, souvent hyperactives quand on est anxieux et que l'on n'arrête pas de ressasser les mêmes problèmes.

Vous voyez qu'on comprend mieux pourquoi le « bain de forêt » offre une solution pour lutter contre la dépression. Le médecin coréen Won-Sop Shin en a donné les premières preuves en 2011. Il a testé les possibilités de la thérapie immersive en forêt sur 92 jeunes alcooliques touchés par la dépression [1]. Les résultats ont été prometteurs : 64 % de réussite dans le traitement des symptômes dépressifs, soit un taux de réussite supérieur à celui des médicaments, estimé

1. W. S. Shin, C. S. Shin, P. S. Yeoun, « The influence of forest therapy camp on depression in alcoholics », *Environmental Health and Preventive Medicine*, 17(1), 2012, pp. 73-76.

autour de 50 %. Fortes de ces résultats extraordinaires, les autorités coréennes ont confié à Won-Sop Shin le poste de ministre des Forêts de 2012 à 2017, où il mit en place un programme de médecine forestière. Il faut s'y résoudre : la forêt fait du bien et, mieux, elle soigne l'esprit.

En somme, ces études valident ce que les sagesses traditionnelles prônent depuis longtemps : passer du temps dans la nature est reposant pour l'esprit. Cela réduit notre principale source de souffrance psychologique et de dépression, les ruminations, c'est-à-dire notre « petit vélo » mental.

Rêveries d'un cerveau solitaire

Si jamais vous vous lancez dans une activité créatrice et que votre imagination est en passe sèche, songez à la forêt ! Car y randonner favorise la créativité. Le professeur de psychologie David Strayer, à l'université de l'Utah, l'a démontré dans des travaux qui ont fait couler beaucoup d'encre [1]. Ce psychologue a demandé à une cinquantaine de personnes de participer à des randonnées de quatre à six jours dans l'arrière-pays américain, les belles forêts d'Alaska, du Colorado, du Maine et de l'État de Washington. Durant ce séjour, les participants devaient juste marcher dans un isolement quasi total au

1. R. A. Atchley, D. L. Strayer, P. Atchley, « Creativity in the wild : improving creative reasoning through immersion in natural settings », *PLoS One*, 7(12), 2012.

cœur de la forêt, détachés de toute forme de technologie. Strayer interdisait même les livres, afin d'être certain de mesurer, le plus précisément possible, les effets exclusifs de la marche sur la créativité. Pour ce faire, il a fait passer de multiples tests à ses cobayes : ces derniers devaient donner un maximum de réponses à des questions ouvertes (par exemple, « nommer tous les objets ronds qui passent par l'esprit »), réaliser le plus possible de dessins géométriques en cinq minutes ou trouver des solutions à des énigmes complexes.

Le résultat a été surprenant : il a suffi de quelques jours de randonnée pour que le score des participants progresse de 50 % (pour éviter un effet d'accommodation, deux groupes ont en fait été constitués, l'un passant les tests avant la randonnée et l'autre après).

Musiciens, écrivains, philosophes ou scientifiques connaissent bien ce processus. Ils sont nombreux à se livrer à leurs activités immédiatement après leurs promenades quotidiennes, si bien qu'on se demande parfois si le secret de leur créativité ne tient pas à leurs longues marches. Prenez Werner Heisenberg, l'un des plus grands physiciens du XXe siècle et pionnier de la mécanique quantique. Fou de randonnées dans les forêts des Alpes bavaroises, il a confié comment ce cadre a contribué à ses recherches scientifiques [1] :

> Si j'ai bonne souvenance, cette promenade nous entraînait à travers les collines qui bordent la rive ouest du lac Starnberg ; ce lac, à chaque fois qu'une trouée

---

1. W. Heisenberg, *La Partie et le Tout – Le monde de la physique atomique (souvenirs, 1920-1965)*, Flammarion, 1972.

se présentait à travers les rangées de hêtres d'un vert lumineux, apparaissait à gauche en dessous de nous, et semblait presque s'étendre jusqu'aux montagnes qui formaient le fond du paysage. C'est, assez étrangement, au cours de cette promenade que s'est produite ma première discussion sur le monde des atomes, discussion qui a eu une grande signification pour moi au cours de ma carrière ultérieure.

Dans le même ordre d'idée, privilégier les déambulations en solitaire pour rêvasser et laisser l'esprit vagabonder : c'est l'objectif que s'assigne Jean-Jacques Rousseau lorsqu'il rédige ses *Rêveries du promeneur solitaire* (1776). Ce texte est un long monologue rapportant les dernières années de la vie du philosophe, alors âgé de plus de 60 ans. Ayant le sentiment d'être rejeté par la société de l'époque, résigné et d'humeur mélancolique, Rousseau se retire seul au bord du lac de Bienne en Suisse, près de Neuchâtel, pour calmer sa frustration et ses angoisses. Il se livre alors à de longues marches quotidiennes. Et, peu à peu, ses errances viennent renforcer sa joie de vivre. Il écrit ainsi à M. de Malesherbes, en 1762 :

> La majesté des arbres qui me couvraient de leur ombre, la délicatesse des arbustes qui m'environnaient, l'étonnante variété des herbes et des fleurs que je foulais sous mes pieds, tenaient mon esprit dans une alternative continuelle d'observation et d'admiration : le concours de tant d'objets intéressants qui se disputaient mon attention, m'attirant sans cesse de l'un à l'autre, favorisait mon humeur rêveuse et paresseuse.

La rêverie et la contemplation de la beauté naturelle redonneront à Rousseau la force créatrice nécessaire pour écrire son dernier livre. Son expérimentation ouvrira la voie aux écrivains romantiques comme Hugo, Vigny ou Chateaubriand, qui trouveront, eux aussi, dans leur relation avec la nature une source inépuisable d'inspiration, d'exaltation et de consolation.

La santé par les forêts

À la suite des évaluations scientifiques faites par les chercheurs (comme celles du professeur Qing Li que j'ai rapportées), l'agence forestière du Japon a décidé d'intégrer en 1982 le fameux shinrin-yoku dans ses recommandations pour une bonne hygiène de vie. Il est permis d'y voir un rapport avec le shintoïsme, culte très présent au Japon, qui vénère les forces de la nature. Mais cette pratique est surtout la conséquence des grandes études épidémiologiques commanditées par le gouvernement dans les années 1980 et portant sur le stress dans les entreprises. En particulier, c'est à cette époque qu'ont été mis en évidence les premiers cas de *karōchi* (littéralement « mort par dépassement du travail »), un terme qui désigne la mort subite de cadres ou d'employés de bureau par arrêt cardiaque, AVC ou suicide, suite à une surcharge de travail ou à un épuisement trop important.

Dans les années 1990, l'affaire est prise très au sérieux au Japon, qui se dotera rapidement de forêts thérapeutiques (on en compte actuellement 62) et de sentiers dédiés à la réduction du stress. La Corée du

Sud, elle aussi, a favorisé ces bains de nature, et des promenades dédiées ont vu le jour autour des grandes villes comme Séoul. Très pragmatiques, les autorités coréennes y ont identifié un moyen de réduire les coûts médicaux. En 2015, le pays s'est même doté d'une « loi sur la promotion du bien-être forestier »[1]. Dans ce cadre, de nouvelles formations universitaires de « thérapies en forêt » ont diplômé plus de 500 « gardiens de la santé » pour accompagner les 13 millions d'adeptes qui randonnent chaque année dans les nombreuses forêts locales. Étonnant succès, non ?

Les préconisations officielles pour la pratique du shinrin-yoku sont d'une simplicité enfantine : il est recommandé de marcher dans la forêt tout en portant son attention aux arbres, à la fraîcheur de l'air, aux couleurs et aux sons. Nul besoin d'enlacer les arbres, comme on le répète parfois de manière caricaturale ! La précision est utile, car le bain de forêt véhicule trop souvent une image ésotérique, voire mystique. En fait, le seul impératif est d'être présent avec tous ses sens. Comme nous l'avons souligné, les stimulations sensorielles de la forêt attirent spontanément l'attention, mais sans l'accaparer totalement[2], et cet

1. W. S. Shin, « Forest policy and forest healing in the Republic of Korea », *International Society of Nature and Forest Medicine,* 2015.

2. M. G. Berman, E. Kross, K. M. Krpan, *et al.*, « Interacting with nature improves cognition and affect for individuals with depression », *Journal of Affective Disorders,* 140(3), 2012, pp. 300-305.

état d'attention ouverte repose momentanément l'esprit.

Il est possible de rapprocher cette pratique de la méditation « pleine conscience », qui a également des effets reconnus sur le stress psychologique (anxiété, dépression, douleur). Selon Jon Kabat-Zinn, qui a popularisé cette pratique laïque auprès de nombreux centres de soin, il s'agit d'atteindre un « état de conscience qui résulte du fait de porter son attention de façon intentionnelle et non jugeante sur l'expérience qui se déploie moment après moment ». Autrement dit, il suffit d'observer et de ressentir ce qui se passe à l'intérieur ou à l'extérieur de soi : bruits, idées, images, couleurs, odeurs, souvenirs, douleur, détente, bien-être…

En pratique, ce n'est pas toujours aussi simple, car nous fonctionnons la plupart du temps en mode « pilotage automatique », indifférents à notre environnement. Aussi une balade tranquille et silencieuse offre-t-elle un cadre idéal pour atteindre cet état. Ce n'est pas un hasard si Christophe André préconise la promenade :

> Lorsque notre esprit rumine en boucle, lorsque l'on ressasse, le plus efficace est d'aller marcher […], car marcher empêche que la pensée ne se fige : lorsque l'on marche droit, notre esprit cesse de tourner en rond [1].

Au fond, la nature nous place face à nous-mêmes. Dans une forêt isolée et tranquille, on peut découvrir

1. C. André, podcast « La Vie intérieure – La marche », France Culture, octobre 2017.

des pensées et des sentiments inaudibles en temps ordinaire, car noyés dans le bruit et le chaos du quotidien. En étayant cette idée, la science moderne ne fait que redécouvrir des bienfaits que les anciens connaissaient. Songez aux ermites qui partaient s'isoler dans les forêts. De nombreuses traditions spirituelles ont de tout temps considéré la forêt comme un lieu propice à la contemplation et à la sagesse. Le Bouddha lui-même a atteint l'Éveil dans une forêt, a donné son premier sermon dans une forêt et est décédé dans une forêt.

Pas besoin d'être un mystique pour y vivre des moments de grande profondeur. Le philosophe André Comte-Sponville, dans *L'Esprit de l'athéisme*, raconte une expérience inoubliable qu'il a effectuée dans la forêt, alors qu'il était âgé d'une vingtaine d'années. Il marche au milieu des arbres, le soir, avec des amis, et, soudain, l'illumination surgit :

> Quoi ? Rien : Tout ! Pas de discours. Pas de sens. Pas d'interrogations. Juste une surprise. Juste une évidence. Juste un bonheur qui semblait infini. Juste une paix qui semblait éternelle.

3

Faire face à la mer

Devant vos yeux, la mer est là, qui s'étend à l'infini. Le Grand Bleu se mêle à l'immensité du ciel. Les lisérés d'écume, quelques bateaux et une volée de mouettes peignent comme des touches impressionnistes sur une aquarelle. D'autres sensations vous enveloppent : les embruns caressent votre visage, et vous percevez le murmure doux et régulier des vagues qui roulent sur la plage. Vous décidez de vous y engager et, bientôt, vous sentez de petits grains de sable masser la plante de vos pieds. Soudain, les tracas du quotidien s'évanouissent, et un sentiment de calme et de revitalisation vous envahit. Immédiat et irrésistible.

Pourquoi l'environnement marin est-il si reposant ? Que se passe-t-il dans notre cerveau lorsque nous regardons l'océan ? Si je vous demandais quel sens est particulièrement stimulé sur la grève, à coup sûr vous me répondriez : l'odorat. « Je sens déjà la mer ! » : quel enfant ne s'est jamais écrié ainsi, un jour de départ en vacances, bien avant d'avoir vu le rivage ?

L'odeur est reconnaissable entre toutes. Souvent, on la respire pour la première fois petit et on s'en souvient à jamais. Une autre version de l'expression de la joie enfantine à l'approche des vagues est : « Ça sent l'iode. » Je me dois néanmoins de démolir une idée reçue : l'iode est totalement inodore et n'est en rien responsable des odeurs du bord de la mer. En fait, celles-ci proviennent de la décomposition des algues et du phytoplancton par les bactéries (elles sont dues tout particulièrement à une molécule, le sulfure de diméthyle). Portées par les microgouttelettes d'eau émises par les embruns, ces molécules atteignent les muqueuses olfactives de la fosse nasale et donnent son paysage odorant à la mer.

Nous avons tous déjà expérimenté des accès de nostalgie liés à ce stimulus, une des manifestations de la formidable faculté des odeurs à convoquer des souvenirs. À ce titre, le fameux épisode de la madeleine de Proust est du pain bénit pour le neuroscientifique que je suis. Dans cet épisode clé de *À la recherche du temps perdu*, l'écrivain décrit comment il s'est souvenu de manière saisissante, grâce à l'odeur et au goût d'une madeleine trempée dans du thé, d'événements de son enfance emmagasinés dans sa mémoire à son insu. Selon moi, les odeurs de la mer en fournissent un exemple plus frappant encore. Ces parfums me font remonter quarante ans en arrière pour me plonger dans des moments joyeux de vacances passées en Bretagne. En particulier, je revis, pour un court instant, un pique-nique à la plage avec mes parents. Toute la scène me revient en mémoire : la pêche à la crevette, le ramassage des coquillages et l'observation des crabes dans les flaques à marée basse. Les odeurs de la mer m'offrent un voyage dans le temps et l'espace beaucoup plus intense que les images ou les mots.

Pourquoi les odeurs sont-elles si évocatrices ? Tout simplement parce que l'odorat constitue une voie directe vers le cerveau, contrairement à la vue et à l'ouïe, qui empruntent des détours par des structures relais. En effet, la cavité nasale est tapissée d'un petit tissu nerveux directement exposé à l'air libre (voir p. 72). Or cette muqueuse olfactive est purement neuronale, car elle contient les prolongements de millions de neurones qui remontent l'information issue de 400 récepteurs olfactifs. Ces neurones traversent la paroi osseuse qui est poreuse (on l'appelle dans le jargon scientifique la lame criblée de l'ethmoïde), puis rejoignent le bulbe olfactif, première région cérébrale impliquée dans l'interprétation et la discrimination des stimuli olfactifs. Une tâche complexe, que le cerveau humain exécute de façon plutôt performante. Une étude récente, fondée également sur des estimations statistiques, montre que nous sommes tous capables de discriminer au moins 1 000 milliards d'odeurs différentes [1]. Ainsi, le nez est bien plus subtil que l'œil ou l'oreille.

Mais le bulbe olfactif est lui-même en interaction avec d'autres régions cérébrales. En particulier, il active

1. C. Bushdid, M. O. Magnasco, L. B. Vosshall, A. Keller, « Humans can discriminate more than 1 trillion olfactory stimuli », *Science,* 343, 2014, pp. 1370–1372.

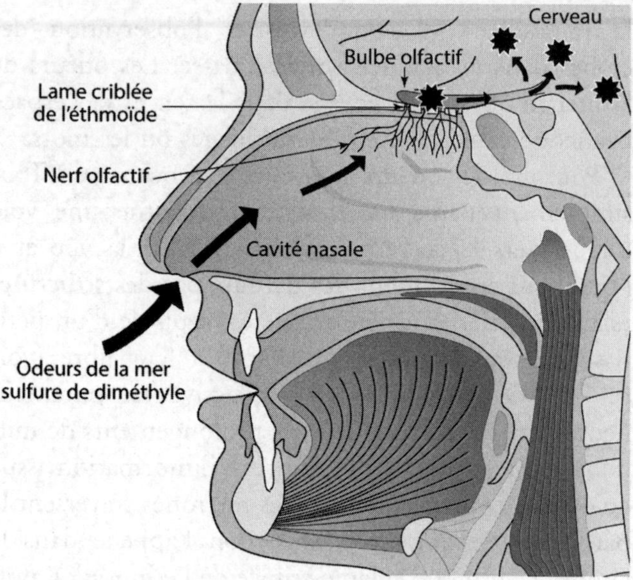

Les odeurs de la mer sont associées à la décomposition des algues et activent directement le cerveau *via* la muqueuse olfactive, qui contient les prolongements de millions de neurones dans la cavité nasale.

quasi instantanément une petite structure cérébrale qui joue un rôle crucial dans le rappel des souvenirs. Cette région a une forme particulière, qui s'enroule sur elle-même comme un animal marin : c'est l'hippocampe. Malgré une idée reçue, l'hippocampe ne stocke pas les souvenirs de la mémoire mais est, en quelque sorte, un carrefour vers d'autres zones du cerveau. C'est pourquoi il a la capacité de réactiver les différentes régions du cerveau ayant participé à un souvenir particulier, celles qui ont été initialement impliquées.

Cette propriété intrigante a pu être directement observée chez l'animal, le rat en particulier [1]. Chez des animaux qui apprenaient à se déplacer dans un environnement, les chercheurs ont constaté que les neurones activés au cours de l'apprentissage se réactivaient selon les mêmes séquences au cours de la période qui suivait. Voilà pourquoi le sens de l'odorat, bien plus que tous les autres, nous renvoie directement dans le passé, droit à un moment, à un lieu ou à une émotion.

L'infini bleu

Si le milieu marin emplit vos poumons d'odeurs évocatrices, la mer est surtout synonyme de bleu, une couleur qui apaise et tranquillise. À cet égard, en laboratoire, on sait que la simple vision du bleu produit des effets physiologiques mesurables. Un exemple ? Eh bien, la conductivité électrique de la peau diminue lorsqu'on est exposé à une lumière bleutée [2]. Ce phénomène est un bienfait connu de la relaxation, qui se traduit par une diminution de l'activité des glandes sudoripares (stimulées en cas de stress par l'activité du système nerveux sympathique). Cela entraîne de petits changements des propriétés électriques de la peau et plus précisément une augmentation de sa résistance.

1. D. Ji, M. A. Wilson, « Coordinated memory replay in the visual cortex and hippocampus during sleep », *Nature Neuroscience*, 10(1), 2007, pp. 100-107.

2. K. W. Jacobs, F. E. Jr. Hustmyer, « Effects of four psychological primary colors on GSR, heart rate and respiration rate », *Perceptual Motor Skills*, 38(3), 1974, pp. 763-766.

De même, lorsqu'on voit du bleu, les chercheurs ont remarqué que la pression artérielle diminue et que le rythme de la respiration ou les battements cardiaques ralentissent. Voilà une des explications possibles à ces effets physiologiques : la lumière bleue aurait un impact direct sur un pigment de la rétine – la mélanopsine – qui signale la présence du jour au cerveau et joue un rôle stimulant sur certaines fonctions cognitives. J'y reviendrai plus longuement au chapitre 5, tant le phénomène est étonnant.

Mais, soyons honnêtes, les peintres en savent beaucoup plus que les scientifiques dans ce domaine. Personne n'incarne mieux le bleu qu'Yves Klein. Né au bord de la Méditerranée, à Nice, Klein fut célèbre pour ses monochromes tout bleus. Rien d'autre. La contemplation de l'azur du ciel natal n'est probablement pas étrangère à ce goût. Selon son témoignage, le peintre aurait saisi l'importance de cette couleur après avoir vu les ciels représentés sur les murs de la basilique Saint-François à Assise, en Italie :

> Le bleu n'a pas de dimensions. [...] Toutes les couleurs amènent des associations d'idées concrètes, matérielles et tangibles, tandis que le bleu rappelle tout au plus la mer et le ciel, ce qu'il y a de plus abstrait dans la nature tangible et visible [1].

Et c'est bien cette expérience métaphysique que Klein cherche à produire dans ses tableaux : l'artiste

---

1. Y. Klein, *Le dépassement de la problématique de l'art et autres écrits*, École nationale supérieure des Beaux-Arts de Paris, 2019.

y crée un espace, immatériel, vide et pur de sens qui engendre chez l'observateur un état d'esprit très particulier, dans lequel il s'ouvre à autre chose. Celui-ci fait, en quelque sorte, l'expérience de la contemplation pure. Cette perception sans objet n'est pas sans rappeler l'expérience de la vacuité préconisée par certaines écoles bouddhistes (notamment le zen).

À mes yeux, Yves Klein a parfaitement capturé l'expérience sensorielle de l'infini que procure le bord de mer. Chez certains, la vision de la mer va bien au-delà et peut conduire à des expériences quasi mystiques, d'union avec le cosmos. Ces états extrêmes que les psychologues décrivent par l'expression de « sentiment océanique » les intriguent depuis longtemps. Par exemple, Sigmund Freud a été fasciné par cette expérience qu'il a aussi identifiée dans d'autres contextes naturels : le silence du désert, les cimes montagneuses ou l'immensité céleste (j'y reviendrai aux chapitres 11 et 12).

Néanmoins, comme le souligne le père de la psychanalyse, « l'image de la mer, constamment agitée du mouvement des vagues et des marées, représente une rythmique temporelle qui nourrit mieux qu'aucune autre "une sensation d'éternité", là où la ligne d'horizon devient un point de fuite [1] ». Cet état mental singulier trouve un écho dans le célèbre tableau *Le Moine au bord de la mer*, du peintre allemand Caspar David Friedrich (voir p. 76). Face à l'infini océanique, l'homme n'est qu'une petite chose insignifiante.

1. S. Freud, *Le Malaise dans la culture*, in *Œuvres complètes*, vol. XVIII, PUF, 1994, pp. 249 et 251.

Le Moine au bord de la mer (en allemand *Der Mönch am Meer*) a été peint par Caspar David Friedrich vers 1808-1810. L'œuvre est dominée par la mer et le ciel. Seul le moine, debout sur la petite colline à gauche, forme une silhouette à la limite du discernable.

Sécurité océanique

Pourquoi le spectacle de la mer nous apaise-t-il tant ? L'explication la plus simple est que nous n'y percevons instinctivement aucune menace. De fait, notre cerveau a été programmé depuis la nuit des temps pour être à l'affût de tout danger et nous alerte immédiatement à chaque signe imprévu, afin de nous protéger et d'assurer notre survie. Or, en bord de mer, rien ne vient perturber la douce mélopée des vagues. Ni porte qui claque, ni klaxon qui retentit de manière imprévisible. Dans cet environnement sécurisant, notre poste de sécurité mental qui réagit immédiatement aux stimuli menaçants, l'amygdale, est au repos.

Cette partie du cerveau, qui doit son nom à sa forme semblable à celle d'une amande, reçoit 10 % des fibres du nerf provenant des sens. Normalement, la stimulation sensorielle, comme la vue d'une forme inattendue ou un son inquiétant, fait escale dans le thalamus, passage obligé de tous les messages captés par les sens. Il est ensuite transmis au cortex sensoriel approprié (visuel, auditif, etc.), où il est évalué et interprété. Mais les chercheurs ont récemment découvert qu'une petite partie du message reçu par le thalamus était transférée directement à l'amygdale, sans même passer par le cortex. C'est cette seconde route, peu utilisée mais très courte et très rapide, qui explique la célérité avec laquelle notre cerveau réagit en face du danger. Avec cette conséquence surprenante : ce n'est en général qu'après avoir sursauté que l'on prend conscience de la chose qui nous a effrayés !

En ville, notre amygdale est en permanence stimulée, sans que nous nous en apercevions souvent. Ce phénomène a été mis en évidence dans une étude qui observait la réponse du cerveau au stress social [1], c'est-à-dire à la pression du groupe. Pour recréer ce stress, les chercheurs de l'université de Heidelberg, en Allemagne, et de l'université McGill, au Canada, ont exposé des volontaires à des remarques dépréciatives,

1. F. Lederbogen, P. Kirsch, L. Haddad, *et al.*, « City living and urban upbringing affect neural social stress processing in humans », *Nature*, 474(7352), 2011, pp. 498-501.

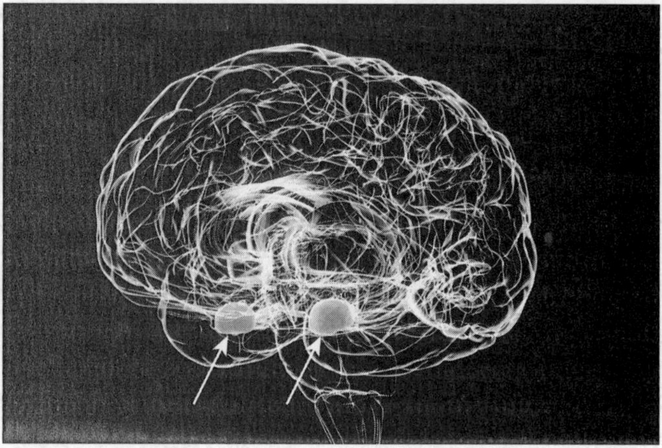

Chez les citadins, l'amygdale (flèches) tend à subir une hyperactivation.

qui commentaient leurs piètres performances à des calculs mentaux difficiles, du genre : « Mais tout le monde sait faire ce calcul, vous êtes vraiment mauvais en math ! » Or il s'avère que ce type d'agression engendrait des réponses cérébrales différentes, selon que les sujets étaient des rats des villes ou des rats des champs : l'amygdale s'active beaucoup plus chez les urbains que chez les ruraux.

Elle est même irrémédiablement affectée par le simple fait d'avoir vécu en ville. En effet, le même phénomène s'observe pour les personnes qui ont grandi en ville dans les premières années de leur vie, mais ayant déménagé ensuite à la campagne. L'amygdale continue, longtemps après, à sonner l'alarme au moindre stress. La ville est donc capable, non seulement d'influencer nos comportements, mais aussi de transformer nos structures cérébrales. C'est probablement pour cette raison qu'en ville, les risques de maladies neurologiques sont plus élevés qu'au vert, notamment les troubles de l'humeur et d'anxiété, qui, respectivement, sont amplifiés de 39 % et 22 % [1].

Au contraire, la vision de la mer n'active pas cet état d'alerte et permet à l'amygdale de se calmer, de récupérer. Instinctivement, notre cerveau sait qu'il n'y a aucune menace et se met en pause. Il est fort probable que, de cette façon, le fait de « déconnecter » complètement son amygdale annule une partie des effets néfastes du stress. Le cerveau est bercé par des sonorités régulières qui le persuadent que tout va bien, ce qui le conduit à se détendre.

De nombreuses applications sur téléphone se fondent sur ce principe pour favoriser l'endormissement. En diffusant dans les écouteurs des sons de la mer ou des bruits naturels rassurants, elles recréent l'illusion d'un environnement stable et sécurisant. Ces sons proviennent parfois des animaux qui y vivent : les sifflements des dauphins, les chants de baleines, les cris de mouettes… Le choix est vaste [2]. Certains emploient l'état de détente généré par ces enregistrements pour, *a contrario*, se réveiller en douceur. Mais

---

1. A. Jha, « City living affects your brain, researchers find », *The Guardian*, 22 juin 2011.

2. C. Moreau, « Ces 5 applications devraient vous aider à mieux dormir », *L'Express,* 16 septembre 2019 (www.lexpress.fr/styles/forme/mieux-dormir-les-applications-pour-nous-aider_2097851.html).

creusons davantage : pourquoi les sons répétitifs du va-et-vient des vagues aident-ils à atteindre un état de relaxation profonde ?

Les vagues de notre mer intérieure

En fait, pendant ces états de bercement, le cerveau produit des activités physiologiques très particulières que l'on appelle les ondes cérébrales. L'existence d'ondes, associées au calme, a été la première fois enregistrée par le grand médecin allemand Hans Berger. En 1924, à l'aide d'un galvanomètre très sensible (le meilleur de l'époque, avec une sensibilité de 1/10 000 de volt), Berger découvrit qu'il était possible d'enregistrer de minuscules fluctuations électriques (de l'ordre du microvolt) à la surface du cuir chevelu. Mieux encore : contrairement à ce qu'il s'attendait à trouver, Berger a remarqué que cette activité électrique provenant du cortex était loin d'être un bruit anarchique, mais s'organisait plutôt comme une vague qui disparaît, puis s'active de nouveau pour prendre la forme d'une onde. En particulier, ses instruments captèrent des ondes cérébrales alors même que le sujet était calme, éveillé mais pas nécessairement axé sur une pensée particulière. Nommées « alpha », ces ondes de grande amplitude oscillent à la fréquence de 10 cycles par seconde (10 hertz). Ce fut une découverte extraordinaire : lorsque nous nous reposons, le cerveau produit des vagues électriques !

Plusieurs décennies plus tard, les chercheurs se sont aussi aperçus que des stimulations auditives ou visuelles comme celles de la mer sont capables de synchroniser les ondes cérébrales [1]. Souvent, il faut judicieusement choisir une fréquence sonore particulière pour induire ces états de relaxation et de mieux-être [2]. C'est ce principe simple qu'exploitent les berceuses et les comptines chantées aux nourrissons pour les calmer et les endormir. Par ailleurs, l'idée d'utiliser des sons répétitifs pour créer un état de conscience altérée est très ancienne : depuis l'aube de l'humanité, les rituels chamaniques autour d'un grand feu impliquent des sons rythmés, des battements de tambour, des frappements de mains, des chants, etc., sans oublier les lumières oscillantes produites par les corps des personnes dansant devant les flammes… Ainsi, la mer produit naturellement un tel spectacle de sons et lumières, et c'est pourquoi elle est si apaisante.

Les paragraphes précédents pourraient laisser croire que la mer se limiterait à nous déstresser, à engendrer un sentiment de détente, comme si une promenade sous les mouettes équivalait à boire une infusion de camomille ! Mais ses bienfaits vont en réalité bien au-delà, et c'est un constat assez récent. Comme l'historien Alain Corbin l'a décrit dans l'un de ses

1. B. Brady, L. Stevens, « Binaural-beat induced Theta EEG activity and hypnotic susceptibility », *American Journal of Clinical Hypnosis*, 43, 2000, pp. 53-69.

2. J. D. Lane, S. J. Kasian, J. E. Owens, G. R. Marsh, « Binaural Auditory Beats Affect Vigilance Performance and Mood », *Physiology & Behavior*, 63(2), 1998, 249-252.

ouvrages [1], nos rapports à la mer ont longtemps été ambivalents. Pendant des siècles, la mer fut considérée comme un théâtre de catastrophes, un lieu malfaisant par excellence qui n'inspirait que peur et crainte. Ce n'est que progressivement, à partir du XVIIIe siècle, que la vision de la mer est devenue plus positive. Ses rivages se sont alors transformés en des lieux de retraite et de ressourcement pour citadins, pouvant guérir leur mélancolie ou les inciter à la « robinsonnade ». À partir de cette époque, les médecins ont commencé à recommander à certains de leurs patients de partir en cure thermale dans des cliniques spécialisées, installées en bord de mer. Les maladies que l'on y traite prennent des airs d'inventaire à la Prévert : l'asthme, les dysfonctionnements métaboliques, les affections douloureuses comme l'arthrose, les rhumatismes et les sciatiques, etc.

Aujourd'hui, ces bienfaits thérapeutiques pour le corps sont reconnus en raison des propriétés pharmacologiques des éléments du bord de mer (les oligoéléments, les micro-organismes, les sels de l'eau ou des algues, etc.). Actuellement, une quarantaine de composés marins sont au stade de l'essai clinique pour développer des antidouleurs, des antibiotiques ou des molécules anticancéreuses. Une petite dizaine de molécules ont même abouti à un médicament commercialisé.

---

1. A. Corbin, *Le Territoire du vide. L'Occident et le désir de rivage, 1750-1840*, Aubier, 1998.

Mais des recherches plus récentes ont montré que les bénéfices de la mer concernent aussi les bienfaits sur l'esprit. Par exemple, une étude sur les habitants de la ville de Wellington, en Nouvelle-Zélande, a établi que les personnes possédant des logements avec vue sur la mer souffraient statistiquement moins d'affections psychologiques[1]. Il semble même que voir du bleu offre davantage de bienfaits sur la santé mentale qu'observer du vert, même si on sait que cela améliore aussi le bien-être psychologique (chapitre 2).

Un projet appelé « Santé bleue » (*BlueHealth* en anglais) a testé ces effets sur le sol européen, en se penchant sur la santé mentale de 18 000 personnes de 18 pays[2]. Les données collectées sur les participants portaient essentiellement sur leurs consultations médicales et sur les soins reçus en raison de troubles psychiques. La conclusion a été rendue publique en 2020[3] : les soins sont significativement moins nombreux, à population égale, au bord de la mer, comparés aux habitants des milieux urbains (entourés ou non d'espaces verts). En clair, la proximité de la mer favorise la santé mentale.

---

1. D. Nutsford, A. L. Pearson, S. Kingham, F. Reitsma, « Residential exposure to visible blue space (but not green space) associated with lower psychological distress in a capital city », *Health Place*, 39, 2016, pp. 70-78.

2. https://bmjopen.bmj.com/content/7/6/e016188 et le site https://bluehealth2020.eu/

3. M. Tester-Jones, M. P. White, L. R. Elliott, *et al.*, « Results from an 18 country cross-sectional study examining experiences of nature for people with common mental health disorders », *Scientific Reports*, 10(1), 2020, pp. 1-11.

Bien sûr, nombre de questions demeurent : on ignore si c'est seulement la vue du bleu qui est bénéfique ou si d'autres facteurs entrent en jeu, comme des stimuli sensoriels générés par le bruit des vagues ou l'odeur de l'air marin, par exemple. Néanmoins, sur la base de leur étude, les scientifiques recommandent des « cures de bleu » pour lutter contre la dépression et l'anxiété chez les habitants les plus pauvres des villes, souvent davantage touchés par ces troubles mentaux et éloignés de la mer pour des raisons financières.

C'est probablement l'intuition qu'a eue le père Michel Jaouen, grande figure emblématique du monde de la mer. Dès les années 1970, ce « curé des mers » a eu l'idée d'emmener au large des jeunes délinquants, en rupture avec la société, sur de grands voiliers. Par le contact avec la mer, celui qu'on surnommait « le Phare » ramenait à bon port ces âmes à la dérive.

4

Se laisser flotter sur l'eau

Au commencement, il n'y a que l'eau. Cette eau, c'est le liquide amniotique dans lequel nous avons baigné pendant neuf mois dans le ventre de notre mère. Évidemment, le souvenir de ce moment s'est évanoui depuis longtemps dans les limbes de notre mémoire, mais les sensations associées à l'état de flottaison dans un milieu aquatique ont imprimé des traces profondes dans notre cerveau et y ont formé la première image du corps. En effet, les récepteurs tactiles apparaissent dès le 2e mois de grossesse, d'abord autour de la bouche avant de s'étendre à tout le corps vers le 5e mois. À 8 mois, l'utérus enserre le fœtus, et ces récepteurs ont alors de nombreuses occasions d'être stimulés : au contact de la paroi utérine, avec les différentes parties du propre corps de l'enfant et par les vagues du liquide amniotique.

Le fœtus n'ayant pas encore établi de claires frontières entre son moi et le corps maternel, toutes ces stimulations tactiles se ressemblent un peu pour le bébé. Mais, peu à peu, elles engendrent des réponses motrices qui structureront son système nerveux central et coordonneront les mouvements en séquences. Par ces interactions, le futur bébé commence à comprendre qu'il est un être autonome. On imagine facilement que les stimulations tactiles lui procurent autant de plaisir qu'à la mère. Et également qu'elles favorisent le développement d'une communication précoce entre les deux. Sans doute est-ce l'amorce du lien que le fœtus éprouve vis-à-vis de sa génitrice et peut-être même, pour lui, d'un sentiment d'appartenance au monde.

Si j'ai fait ce long détour, c'est à dessein : s'immerger dans l'eau, prendre un bain, c'est un peu se rappeler ces sensations originelles. Imaginez-vous en train de flotter dans un lac, à l'air libre, ou bien dans une mer calme et paisible. Bercé par les vagues, soutenu sans contrainte, votre corps est léger, comme en apesanteur, et se détend profondément. Personnellement, quand je me baigne en mer ou à la piscine, j'expérimente une sensation étonnante, qui frôle l'ésotérisme quand j'y pense : j'ai l'impression de me dissoudre. Je me sens comme un château de sable qui perdrait son intégrité, éreinté par le flux et le reflux. C'est pour moi toujours un moment hors du temps. Le plaisir que j'éprouve à flotter sur l'eau – les yeux fermés et totalement nu, de préférence – me ramène indubitablement à mon premier bain *in utero*.

À la découverte d'un sens intérieur

D'un point de vue plus scientifique, pourquoi ce moment est-il si délicieux ? En fait, l'eau permet de

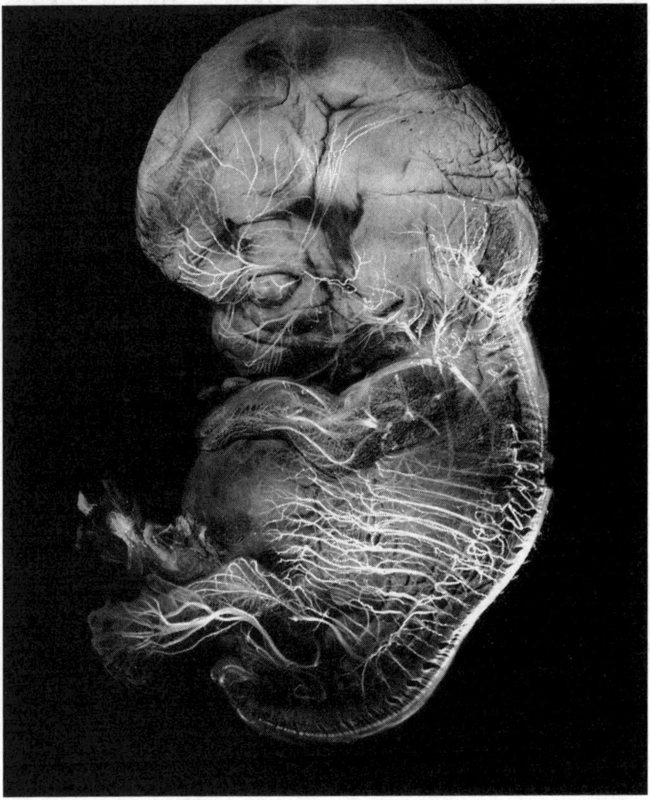

Système nerveux d'un fœtus de 8 semaines – la tête mesure moins de 1 centimètre. Nous avons tous vécu des sensations océaniques pendant notre première vie dans l'eau.

faire l'expérience de notre propre enveloppe corporelle. La prochaine fois que vous vous baignerez, laissez-vous flotter et prêtez attention à vos sens : vous constaterez que, même au repos, il nous reste une sensation dans les muscles. Ce sens porte un nom : c'est la proprioception. Ce sens a été découvert assez récemment, en 1906, par le grand physiologiste anglais Charles Sherrington. C'est lui qui l'a nommé ainsi, mais d'autres scientifiques préfèrent les expressions de « sens musculaire » ou « sens kinesthétique ».

Il s'agit plus précisément de l'ensemble de nos sensations internes, auxquelles s'ajoute la capacité à percevoir la position de notre corps dans l'espace. Par exemple, en fermant les yeux tout en étant debout, je sens que mes bras sont plus haut que mes jambes. C'est un véritable sens, au même titre que la vue, l'ouïe, l'odorat, le toucher et le goût, à la nuance près qu'il écoute à l'intérieur de nous. Un sens élusif, d'ailleurs : fermez les yeux et bougez les bras, vous n'aurez aucune difficulté à percevoir leur position ; mais figez-les, et les sensations internes s'effaceront, si bien que vous aurez du mal à savoir où se trouve votre propre bras ! C'est probablement pour cette raison que les scientifiques l'ont si longtemps ignoré.

Néanmoins, même immobile, vous pouvez faire l'expérience de la sensation proprioceptive. Que noterez-vous alors ? Que certaines parties du corps restent plus contractées que d'autres, et qu'il est souvent difficile de les relâcher complètement. Par exemple, le visage, les épaules ou le dos demeurent parfois tendus.

Persiste dans vos muscles une légère tension, permanente et involontaire, que les scientifiques appellent le « tonus musculaire ». Cet état de contraction plus ou moins stable est indispensable aux muscles : il maintient en équilibre la position du corps, même au repos. Pourtant, ce tonus résiduel est aussi directement associé à des facteurs plus psychologiques. En effet, nous savons tous qu'il existe une interdépendance entre le degré de tension musculaire et les émotions. Ainsi, toutes les pensées négatives, la peur, l'anxiété, l'envie, la colère, la crainte, exercent un effet de tension direct sur certains muscles. Ces tensions sont parfois permanentes, souvent imperceptibles. Sans nous en rendre toujours compte, nos perceptions, nos pensées et, *a fortiori*, nos émotions ont une influence sur notre corps, même au repos. Le tonus musculaire est donc sous influence cérébrale, d'une manière souvent totalement inconsciente.

Revenons à la baignade. Grâce au flottement dans l'eau, un relâchement complet devient accessible, et la sensation proprioceptive de notre corps s'estompe presque totalement. Si vous prolongez le bain longtemps, en quelques dizaines de minutes, cette méthode conduit à un état qui se situe entre veille et sommeil. La respiration se régularise, se ralentit et descend au niveau abdominal, la ronde des pensées cesse, et des sensations agréables de calme, de sécurité et de bien-être s'installent. La conscience de soi et de l'environnement devient en outre floue ou chancelante.

Accueillir le sentiment océanique

Il est courant de qualifier cette illusion des sens de « sentiment océanique ». Dans mes recherches, j'en ai trouvé plusieurs descriptions dans la littérature. L'écrivain Romain Rolland disait l'éprouver depuis son plus jeune âge. Dans une lettre à Freud remontant à la fin des années 1920, il confessa le bonheur viscéral qu'il éprouvait de baigner simplement dans l'eau, bonheur qui s'apparentait selon lui à une « sensation de l'"éternité", sentiment comme quelque chose de sans frontière, sans borne, pour ainsi dire "océanique" » [1].

Jean-Jacques Rousseau a rapporté avoir éprouvé le sentiment océanique alors qu'il se trouvait seul, allongé dans une barque sur le lac de Bienne, en Suisse :

> Le flux et reflux de cette eau, son bruit continu mais renflé par intervalles frappant sans relâche mon oreille et mes yeux, suppléaient aux mouvements internes que la rêverie éteignait en moi et suffisaient pour me faire sentir avec plaisir mon existence sans prendre la peine de penser. De temps à autre naissait quelque faible et courte réflexion sur l'instabilité des choses de ce monde dont la surface des eaux m'offrait l'image : mais bientôt ces impressions légères s'effaçaient dans l'uniformité du mouvement continu qui me berçait, et qui sans aucun concours actif de mon âme ne laissait pas de m'attacher au point qu'appelé par l'heure et par

1. S. Freud, *Le Malaise dans la culture*, in *Œuvres complètes*, vol. XVIII, PUF, 1994, pp. 249 et 251.

le signal convenu je ne pouvais m'arracher de là sans effort [1].

Plongé dans un état hypnotique, Rousseau expérimente une forme de parallélisme entre l'eau et son esprit, les mouvements externes de la première se substituant aux flots internes du second. Le rythme de la vague est alors comme l'écho de la plus intime vibration au fond de son esprit.

Je reprendrai cette description à mon compte : la baignade offre parfois un moment d'harmonie parfaite entre notre moi et le monde. Quelques instants durant, le temps suspend son vol, et nous perdons alors le sentiment d'être nous-mêmes. Mais peut-on ne plus être soi-même ? Voilà qui paraît une question absurde, car je ne peux pas être autre que le sujet de mes propres pensées. Pourtant, le sentiment de soi (au sens large de l'identité personnelle) connaît des états fluctuants qui dépendent très fortement du contexte. Ainsi, le sentiment banal d'être soi-même repose essentiellement sur des informations sensorielles de l'environnement spatial et physique dans lequel baigne chaque individu.

Lorsque celui-ci vient à manquer (comme dans les expériences de privation sensorielle dans l'eau, par exemple), l'identité subit des perturbations. Et il arrive qu'elle donne lieu à une expérience d'une forte intensité, fulgurante, bouleversante, ce que les psychologues américains appellent aujourd'hui un *altered state of consciousness*, un « état modifié de conscience ».

---

1. J.-J. Rousseau, *Rêveries du promeneur solitaire,* Cinquième Promenade, Le Livre de Poche, 2001.

Dans certaines de ces expériences que les personnes qualifient souvent de mystiques, la perception est proche d'un « sentiment religieux ». De fait, osons l'analogie : il existe un parallèle étonnant entre l'expérience de la prière et celle de l'état de quiétude issue de la baignade. Dans la mystique chrétienne, la prière permet d'atteindre la « communion » avec le cosmos ou avec Dieu. Comme le décrit Alain Corbin dans son *Histoire du silence*, pour prier, il convient de « faire silence », c'est-à-dire d'agir afin que les bruits extérieurs – et surtout intérieurs : préoccupations, soucis, émotions – s'atténuent ou s'éteignent provisoirement. En somme faire taire le bruit de l'esprit, qui empêche l'homme de voir les choses telles qu'elles sont réellement.

N'est-ce pas ce « silence de soi » qui jaillit spontanément lorsqu'on s'immerge dans l'eau (et de façon plus générale dans la nature [1]) et que l'on flotte ? Bien sûr, une certaine motivation est nécessaire. Il faut accepter de se « mettre à l'eau » pour entrer charnellement en contact avec l'élément, non pas dans une relation de confrontation, de risque, d'affrontement, mais de confiance et d'union.

Retour aux origines

J'en ai fait plus haut l'hypothèse : l'intensité de ces sensations renvoie sans doute à un souvenir résiduel

1. M. Hulin, *La Mystique sauvage,* PUF, 2008.

de la vie intra-utérine, lorsque l'enfant et le monde ne font qu'un [1]. Même s'il est difficile de prouver la réalité de cette réminiscence, de nombreuses recherches explorent d'éventuels liens entre vie fœtale et santé à l'âge adulte. En particulier, on sait qu'entre la 7e et la 20e semaine de gestation, les liaisons nerveuses qui transmettent le plaisir ou la douleur physique, mais aussi le bien-être et le stress, sont totalement constituées ou presque chez le fœtus. De riches échanges entre ce dernier et sa mère, mais également avec son environnement, auront lieu et seront déterminants tout au long de la vie. Ces expériences intra-utérines, la plupart positives, laisseront des traces dans les circuits cérébraux ainsi que dans d'autres systèmes de l'organisme comme le système immunitaire. Le bien-être psychocorporel que l'on éprouve à flotter dans l'eau est un écho lointain de ces expériences positives passées dans le giron maternel.

De manière plus archaïque encore, je suis persuadé que notre attirance pour l'eau puise sa source en partie dans les origines marines de la vie terrestre. Nous nous y sentons, dans une certaine mesure, en terrain familier et protecteur. Une intuition qui m'amène à penser que Sir Alister Hardy avait vu juste. Hardy était un biologiste anglais spécialiste du zooplancton, devenu célèbre pour avoir participé aux premières expéditions en Antarctique dans les années 1920. Il défendait la théorie selon laquelle nos corps sont programmés pour

1. S. Ferenczi, *Thalassa, Psychanalyse des origines de la vie sexuelle*, Petite bibliothèque Payot, 1977.

réagir positivement à l'eau parce que nous, primates humains, venons originellement d'un milieu marin. Cette idée, dite du « primate aquatique », reste controversée, mais il est difficile d'imaginer que nos ancêtres – des êtres curieux et observateurs – n'aient pas découvert l'extraordinaire richesse – alimentaire surtout, mais aussi perceptuelle – de la mer et des côtes. Après tout, pourquoi la biophilie à l'œuvre dans la forêt, une connexion innée avec la nature, ne ferait-elle pas aussi jaillir en nous ce « sens marin » ?

Un cerveau dans un cocon

Les scientifiques sont allés plus loin pour comprendre ce qui se passait dans le cerveau quand on flotte. Un des premiers à s'y pencher fut John C. Lilly, chercheur au National Institute of Mental Health, aux États-Unis, qui construisit en 1954 un dispositif pour étudier la flottaison plus en détail. Pour les besoins de ses recherches, il développa son célèbre caisson d'isolation sensorielle. Il s'agit d'une sorte de cocon clos dans lequel on s'immerge dans une eau salée et chauffée à la température de la peau. Le milieu intérieur est plongé dans le noir, et le silence est complet. On flotte juste, sans apesanteur, comme dans le vide, de sorte qu'une détente profonde s'installe bientôt.

Lilly développa ce dispositif afin d'étudier l'activité du cerveau lorsqu'il se coupe de toute influence externe. Il le qualifiait de « technique de réduction des stimulations environnementales » (*Restricted Environmental Stimulation Technique* ou REST en anglais, qui signifie aussi « repos »). Ses premières observations ont étonné la communauté scientifique. De façon contre-intuitive, après plusieurs heures dans le caisson, les participants ne basculèrent pas tous dans le sommeil ou dans un état léthargique. Au contraire, certains en ressortaient éveillés et émerveillés. Ceux-là rapportaient avoir accédé à un état de relaxation extrême et avoir fait l'expérience de fortes hallucinations visuelles [1]. John Lilly lui-même vécut ces voyages intérieurs (souvent en association avec des drogues, faut-il le préciser), et l'expérience s'avéra si puissante qu'elle changea sa vie et qu'il abandonna la recherche pour devenir un des gourous du New Age, dans les années 1980.

En quête du « réseau par défaut »

On comprend mieux aujourd'hui les raisons de ces altérations de la conscience durant la privation sensorielle. On pourrait penser que, lorsqu'on flotte dans le vide et le silence, le cerveau ralentit au minimum ses activités biologiques, se met en pause, bascule en mode économie d'énergie. En fait… c'est exactement le

1. K. Iwata, M. Yamamoto, M. Nakao, M. Kimura, « A study on polysomnographic observations and subjective experiences under sensory deprivation », *Psychiatry and Clinical Neurosciences,* 53(2), 1999.

contraire ! Même au repos, notre cerveau est le théâtre d'une activité spontanée très puissante. C'est ce qu'a découvert en 2001 Marcus Raichle, professeur de neurologie à l'École de médecine de l'université Washington, à Saint-Louis, dans le Missouri. Le chercheur n'a pas employé de caisson d'isolation sensorielle, mais s'est limité à enregistrer des participants dans le tube d'un appareil d'imagerie fonctionnelle cérébrale (IRMf). Cobayes passifs, ils avaient reçu pour seule consigne de ne penser à rien de particulier [1].

Sur les enregistrements, Raichle a découvert un phénomène remarquable : de grandes vagues d'activité cérébrale parcouraient lentement un vaste réseau de régions du cerveau. Ces ondulations se succédaient au rythme d'une toutes les dix secondes et se produisaient toujours plus ou moins dans les mêmes zones (voir ci-contre) : l'une se trouvait à l'avant du cerveau, dans le cortex préfrontal, et une autre se situait sur le côté, dans les zones temporales. À l'état de repos, ces deux régions clignotaient à l'unisson. Malgré leur éloignement, cette synchronisation suggérait qu'elles appartenaient à un unique réseau interconnecté. Cette autoroute cérébrale ne s'allumant que lorsque notre attention n'est pas dirigée vers des stimulations extérieures, Marcus Raichle l'a nommée le « réseau par défaut ».

En quoi cette découverte a-t-elle un intérêt pour comprendre la privation sensorielle ? La raison est

1. M. E. Raichle, A. M. MacLeod, A. Z. Snyder, *et al.*, « A default mode of brain fonction », *Proceedings of the National Academy of Sciences,* 98(2), 2001, pp. 676-682.

subtile : il existe un lien fort entre le sentiment de soi et le réseau par défaut. La chose paraît pourtant simple : chacun a ce sentiment d'être soi-même, un individu indépendant, doué de ses propres pensées. Cela paraît une évidence. Néanmoins, pour votre cerveau, cette distinction entre soi-même et les autres est le fruit d'un processus complexe, qui implique de multiples réseaux spécialisés.

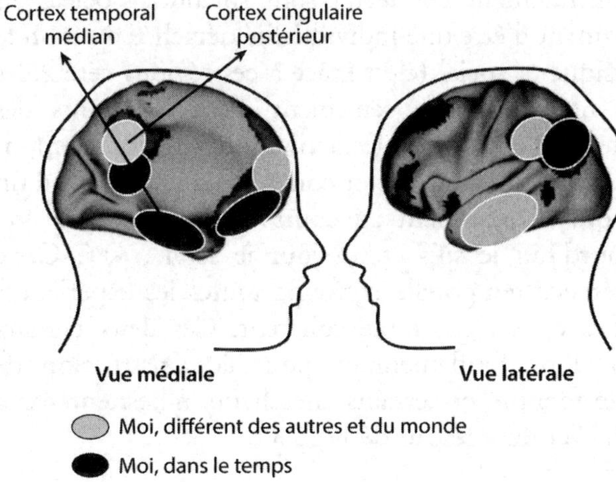

Le réseau par défaut contient deux sous-réseaux qui sous-tendent le sentiment d'être une individualité dans l'espace comme dans le temps.

La recherche dans ce domaine n'en est qu'à ses balbutiements, mais, bien que nous ne sachions pas encore parfaitement ce qu'est la conscience de soi, l'imagerie fonctionnelle cérébrale a permis de mieux saisir les mécanismes mis en jeu dans le cerveau. En particulier, elle a récemment cartographié deux ensembles de régions, au sein du vastre réseau par défaut, qui jouent un rôle crucial dans notre capacité à nous représenter nous-même, en tant qu'individus, dans l'espace et dans le temps [1].

D'une part, les activations de régions cérébrales dorsales du réseau par défaut (appelées « cortex cingulaire postérieur », ainsi que le « précunéus » qui lui est intimement connecté) sont surtout associées au sentiment d'être une individualité détachée du monde physique et social (c'est grâce à ces régions cérébrales que nous avons le sentiment d'être différents des autres). D'autre part, les activités des régions temporales médiales sont plutôt corrélées au sentiment d'un soi qui se maintient au cours du temps (« J'ai été, aujourd'hui je suis et un jour je serai... ») [2]. Cette cohérence temporelle regroupe toutes les expériences vécues en un ensemble cohérent. Ces deux réseaux sont donc fondamentaux pour la construction de notre identité et certains chercheurs n'hésitent pas à parler ici du « réseau de l'ego » [3].

---

1. J. R. Andrews-Hanna, J. S. Reidler, J. Sepulcre, R. Poulin, R. L. Buckner, « Functional Anatomic Fractionation of the Brain's Default Network », *Neuron,* 65(4), 2010, pp. 550-562.

2. N. A. Farb, Z. V. Segal, H. Mayberg, *et al.,* « Attending to the present : mindfulness meditation reveals distinct neural modes of self-reference », *Social Cognitive and Affective Neuroscience*, 2(4), 2007, pp. 313-322.

3. D. S. Margulies, S. S. Ghosh, A. Goulas, M. Falkiewicz, J. M. Huntenburg, G. Langs, G. Bezgin, S. B. Eickhoff, F. X. Castellanos, M. Petrides, E. Jefferies, J. Smallwood, « Situating

De l'art de dissoudre son ego

Forts de ce long développement, nous allons enfin retomber sur nos pas : c'est dans ce réseau de l'ego que se trouverait l'origine du « sentiment océanique ». Pourquoi ? Pour une simple raison : l'intensité de l'expérience de dissolution de l'ego suit les modifications des activités de ce réseau. Laissez-moi vous expliquer, en détaillant les recherches du psychologue Judson Brewer, de la faculté de médecine de Yale.

Grâce à l'imagerie cérébrale fonctionnelle, ce chercheur a étudié le cerveau d'une dizaine d'individus sélectionnés pour leur capacité à éprouver, pendant une méditation profonde, un sentiment de fusion avec le monde [1]. Bien sûr, immobilisé dans un scanner, on est loin de la situation la plus confortable pour éprouver ces états modifiés de conscience, mais c'est aujourd'hui la seule façon de sonder précisément l'activité cérébrale. Donc, après un certain nombre de séances où les participants ont dû s'habituer aux conditions d'enregistrement et ont enfin réussi à méditer, Brewer a observé dans leurs cerveaux, pendant les moments de sentiment océanique, que leur réseau par défaut fonctionnait d'une manière un peu

---

the default-mode network along a principal gradient of macroscale cortical organization », *Proceedings of the National Academy of Sciences*, 113(44), 2016, p. 12574-12579.

1. J. Brewer *et al.*, « Meditation experience is associated with differences in default mode network activity and connectivity », *Proceedings of the National Academy of Sciences,* 108(50), 2011, pp. 20 254-20 259.

différente. Plus précisément, leur cortex cingulaire postérieur, une pièce du réseau de l'ego, travaillait moins intensément. Autrement dit, le sentiment océanique et le réseau de l'ego seraient les deux faces d'une même pièce.

Qu'apprend-on concrètement sur l'expérience océanique lorsque l'on sait qu'elle désactive cette petite zone cérébrale, me direz-vous ? Pas grand-chose, sans doute. Bien sûr, il faut rappeler que la science n'interprète ici que des corrélations (entre états mentaux et cérébraux) qui ne constituent jamais une démonstration de causalité et qui n'épuisent en aucun cas la richesse des vécus associés. Néanmoins, au risque d'un réductionnisme trop radical (je m'en excuse d'avance), ces observations conduisent à penser que le sentiment océanique possède une inscription biologique dans nos cerveaux. Et que des modifications des activités d'une toute petite région cérébrale sont susceptibles de rendre la frontière entre l'individu et le reste du monde très ténue, jusqu'à la faire disparaître totalement dans des circonstances particulières. Un contexte recréant des conditions proches de la flottaison peut engendrer ces modifications et, qui sait, rendre les cerveaux moins centrés sur leur moi, moins « égocentriques » en quelque sorte.

Flottaison thérapeutique

Peu d'études existent encore sur les bénéfices de la flottaison. Cependant, au fil des années, les preuves se sont accumulées : des séances s'avèrent très utiles pour soigner les souffrances physiques de malades [1]. Tout particulièrement, cette pratique paraît constituer une piste pour réduire les symptômes chez les patients souffrant de fibromyalgie. Il s'agit d'une affection chronique caractérisée par des douleurs musculo-squelettiques importantes. Celles-ci sont perçues comme une souffrance sourde et persistante dans les muscles et génèrent beaucoup de fatigue. Dans le cadre d'un projet international (le Fibromyalgia Flotation Project, en anglais), les premiers résultats ont été rapportés sur 81 patients et ont démontré que la flottaison réduit significativement la douleur et les tensions musculaires [2].

La flottaison pourrait aussi s'avérer efficace, à un niveau plus psychologique, pour traiter l'anxiété. Si l'anxiété ponctuelle est normale, les personnes atteintes de troubles anxieux sont aux prises avec une émotion excessive. Ces désordres se manifestent de différentes façons, allant de crises de panique à une crispation généralisée et quasi constante. Or, dans une étude menée sur un échantillon de 50 personnes souffrant de différents troubles anxieux, après une séance

---

1. A. Kjellgren, U. Sundequist, T. Norlander, T. Archer, « Effects of flotation-REST on muscle tension pain », *Pain Research and Management*, 6(4), 2000, pp. 181-189.

2. S. A. Bood, A. Kjellgren, T. Norlander, « Treating stress-related pain with the flotation restricted environmental stimulation technique : are there differences between women and men ? », *Pain Research and Management*, 14(4), 2009, pp. 293-298.

d'une heure de flottaison, la plupart des participants ont rapporté une diminution importante de leurs angoisses [1]. Malgré tout, ces travaux fournissent des conclusions encore limitées, en raison du petit nombre de cobayes, et d'intenses recherches, dans le cadre de pathologies très spécifiques, sont encore nécessaires avant de faire entrer la flottaison dans un quelconque système de soins.

1. J. S. Feinstein, S. S. Khalsa, H. W. Yeh, *et al.*, « Examining the short-term anxiolytic and antidepressant effect of Floatation-REST », *PLoS One*, 13(2), 2018.

5

CÉLÉBRER LES PREMIÈRES LUMIÈRES DU JOUR

Un moment insoupçonné de la journée nous apporte parfois de la clarté intérieure : l'aube. Le cinéaste de la Nouvelle Vague Éric Rohmer a consacré un film à ce petit miracle de la nature. Dans son court-métrage *Quatre Aventures de Reinette et Mirabelle* (1987), deux adolescentes se trouvent, à 4 heures du matin, au milieu d'un champ :

> [Elles] attendent ce moment où, dit-on, la nature cesse de respirer. Moment d'irréalité pure : les êtres de la nuit s'endorment ; les êtres du jour ne sont pas encore éveillés. Un silence effroyable se fait sous le ciel qui se teinte d'un bleu étrange. Cela dure à peine une minute, peut-être moins, mais les habitants des campagnes l'appellent "l'heure bleue" [1].

Même si ce passage est un brin littéraire, c'est bien l'un des dialogues du film ! On appelle également « entre chien et loup » cet instant où le soleil se situe

---

1. R. Oudghiri, *Habiter l'aube ou apprendre à vivre dans la splendeur*, Arléa, 2019.

juste sous l'horizon pendant un court laps de temps. Les photographes l'affectionnent particulièrement, car le ciel se remplit alors d'un bleu exceptionnel qui offre des images aux couleurs profondes.

Plusieurs conditions étant nécessaires pour y assister (météo, absence de pollution, horizon dégagé), ce spectacle est évidemment plus rare en ville. Néanmoins, je connais au moins un citadin fasciné par ces premières heures du matin et leur beauté si singulière : le sociologue Rémy Oudghiri, qui se réveille quotidiennement à 5 heures du matin pour l'admirer. Ce « chercheur d'aube », comme il se dénomme lui-même, ne met pas son réveil si tôt pour faire du sport, ni se mettre au travail avant les autres, ni encore pour méditer. Non, s'il guette l'aube, c'est pour ne rien faire ! Il souhaite juste exister autrement : échapper aux contraintes du temps social, éprouver le bonheur d'un temps pour soi et se rendre disponible pour regarder et penser autrement.

Lorsque l'occasion se présente, j'aime de même vivre ces moments entre les premières lueurs du jour et l'apparition du soleil. Ces instants possèdent un ensemble de « qualités sensorielles » qui les rendent extraordinaires. Peut-être, comme moi, avez-vous fait cette expérience troublante à l'issue d'une mauvaise nuit. Par intermittence, vous vous étiez réveillé avec des idées noires, et les pensées avaient longtemps gravité autour d'un conflit qui, peu à peu, semblait démesuré, insoluble. Il faisait noir, vous étiez seul et incapable de trouver une ébauche de solution. Au petit matin, vous vous étiez levé d'humeur sombre et vous aviez jeté un coup d'œil triste aux premières lueurs du soleil… Brutalement, un grand sentiment de calme s'était emparé de vous et, comme par miracle, vos idées noires s'étaient dissipées. Vous aviez alors pris conscience que le problème était, en fait, tout à fait dérisoire. La lumière avait eu un pouvoir sur vos émotions.

Cerveau sous influence

Cette expérience étonnante d'un regain de joie au petit matin n'a rien de contingente, puisqu'elle a une origine biologique : elle résulte de l'effet de la lumière sur la chimie du cerveau. D'une certaine façon, les yeux ne servent pas qu'à voir : ils exercent aussi une influence sur d'autres aspects du fonctionnement du cerveau. Une preuve a été donnée en 2002 par Gilles Vandewalle, de l'université de Liège, en Belgique. Ce biologiste a montré que certains photorécepteurs de la rétine (autour de 3 à 5 % de l'ensemble des cellules ganglionnaires rétiniennes, lesquelles sont au nombre d'un million environ) ne génèrent aucune image dans le cerveau, mais sont reliés à des zones profondes qui coordonnent des fonctions dites non visuelles. C'est là que ces cellules vont stimuler une petite région (contenant seulement 10 000 neurones), pas plus grosse qu'une tête d'épingle donc, et nichée au centre de notre encéphale (voir p. 111). Elle porte le nom compliqué de « noyau suprachiasmatique », et orchestre la sécrétion de certaines hormones lorsque la lumière paraît.

Ce petit noyau est extraordinaire, car il constitue un véritable métronome biologique régulant toute la physiologie du corps sur un rythme de vingt-quatre heures, d'où son nom d'horloge circadienne (de *circa* : « environ » et *diem* : « un jour »). Tous les aspects routiniers de notre vie s'y trouvent influencés : de l'instant où nous avons faim à celui où nous allons aux toilettes, ainsi que les moments où nous nous sentons fatigués ou pleins d'énergie. En grande partie, le pouvoir de ce noyau sur notre physiologie est associé à une hormone : la mélatonine. Connue sous le nom d'hormone du sommeil, cette molécule signale à notre cerveau l'arrivée de la nuit et l'autorise à baisser notre vigilance. À l'inverse, quand les noyaux suprachiasmatiques sont activés par la lumière du jour, ils inhibent la glande pinéale, à la base de l'organe, et y font chuter la production de mélatonine, augmentant le niveau d'éveil.

Comme un métronome, cette horloge biologique est capable d'imposer son propre rythme. Plusieurs expériences de « vie hors du temps » allant dans ce sens ont été réalisées chez des sujets volontaires, isolés dans des grottes ou dans des bunkers. La plus célèbre est celle de Michel Siffre qui, en 1962 et à peine âgé de 23 ans, s'est volontairement enfermé dans une grotte pendant deux mois sans aucun repère temporel ni communication avec l'extérieur. Pour son confinement volontaire, Siffre choisit le gouffre de Scarasson, près de la frontière italienne. Après plusieurs heures de descente, le spéléologue s'installa dans une

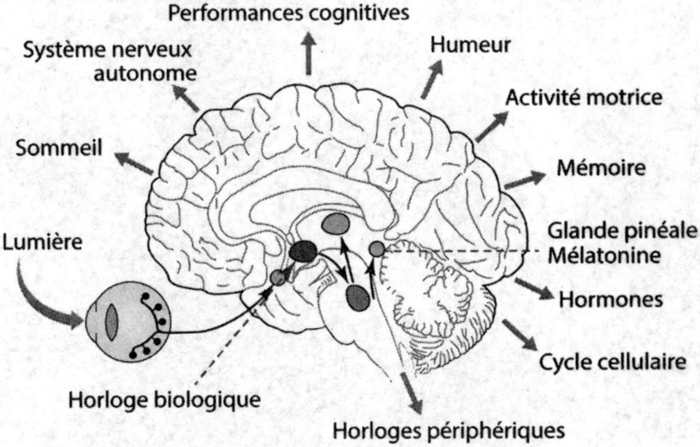

Le noyau suprachiasmatique sert d'horloge biologique envoyant des signaux au cerveau et au corps. Il suit un cycle de vingt-quatre heures environ et répond à la lumière. En journée, il interrompt la sécrétion de la mélatonine de la glande pinéale, ce qui réveille le cerveau et a aussi un impact sur les fonctions cognitives.

petite cavité à 110 mètres sous terre, où le thermomètre descendait à 3 °C.

Sous sa tente trempée d'humidité, dans le noir quasi permanent, Siffre mit son corps à rude épreuve : il fut souvent pris de vertiges, hésitait entre la nuit et le jour, hallucinait, perdait la mémoire. Sans contrainte temporelle, son corps décidait seul des horaires de coucher et de lever. Siffre maintenait un contact quotidien par téléphone avec la surface pour indiquer les heures de début et de fin de ses cycles de sommeil. Grâce à cette expérience extrême, les scientifiques ont découvert que l'horloge interne du corps humain faisait un tour complet en

L'expérience « hors du temps » de Michel Siffre en 1962. Cette photographie a été prise à sa sortie du gouffre, après deux mois dans l'obscurité.

environ vingt-quatre heures. Pourquoi *environ* ? Parce qu'en réalité, les jours (les alternances d'éveil et de sommeil) vécus par Siffre duraient plutôt autour de vingt-quatre heures et trente minutes. Après plusieurs semaines d'isolement, ce petit décalage s'est accumulé et, lorsque Siffre est remonté à la surface, le 14 septembre (voir ci-dessus), il était convaincu d'être le 20 août !

Notre horloge biologique ne coïncide donc pas exactement avec le jour terrestre. C'est probablement pourquoi l'horloge circadienne a besoin de se caler régulièrement sur la lumière solaire pour être plus précise et bien fonctionner. L'astre céleste joue le rôle de synchronisateur. Ainsi, quand la lumière diminue, la mélatonine est sécrétée en début de soirée. C'est elle qui est responsable de notre impérieuse envie de dormir le soir. Dès que le jour apparaît, notre taux de mélatonine baisse, l'horloge circadienne se remet à l'heure, et le tour est joué !

Le jouet de sautes d'humeur

Ainsi, depuis son apparition en Afrique il y a 300 000 ans au moins, *Sapiens* se lève et se couche avec le soleil et ce rythme est profondément inscrit dans son cerveau. En revanche, il est préférable de ne pas se réveiller vers 3 ou 4 heures du matin. L'organisme fonctionne alors au ralenti : le corps se régénère, le cerveau entre dans une activité de régénération lui aussi, la tension artérielle chute, la température est minimale… En pleine nuit, toute activité physique est pénible, et le moral est en berne. Une explication à cet état qui s'apparente à une petite dépression est, entre autres, induite par la mélatonine. Elle place le corps en mode de repos, on l'a vu, mais, si nous sommes réveillés à ce moment-là, elle a une influence négative sur nos émotions, et nous avons tendance à broyer du noir.

C'est alors que le miracle du petit matin s'opère ! Car la lumière du soleil est à elle seule capable d'interrompre la production de mélatonine. Ce processus s'enclenche lorsque nos yeux perçoivent une petite augmentation de la lumière du jour. Ils indiquent à l'horloge circadienne d'arrêter la sécrétion d'hormones nocturnes et de commencer celle d'autres substances comme la sérotonine, l'adrénaline et le cortisol. Dans les minutes qui suivent, ces sécrétions chimiques s'accumulent dans le cerveau : nous retrouvons le moral, et les pensées deviennent plus positives.

Les rayons du soleil exercent donc une grande influence sur le fonctionnement cérébral. Mais, parmi toutes les couleurs qu'ils contiennent, certaines ont-elles plus d'impact que d'autres sur notre psychisme ? En réalité, diverses longueurs d'onde sont particulièrement vitales à notre équilibre psychique et physique. C'est le cas des teintes bleues (comme nous l'avons déjà souligné au chapitre 3 au sujet de la mer). En 2002, David Berson, de l'université Brown, en a découvert la raison. C'est la présence d'un pigment photosensible appelé mélanopsine, qui se situe dans le tissu rétinien. Le spectre d'action de ce pigment se situe exactement dans la gamme des bleus, que l'on mesure autour de 460-500 nanomètres. Les chercheurs ont alors remarqué que le circuit cérébral qu'active la lumière bleue se projette directement sur les noyaux suprachiasmatiques, ceux-là mêmes qui sont responsables de la régulation de l'horloge circadienne. Ce résultat stupéfiant permet de mieux comprendre l'effet de la lumière du matin : le bleu qui active la mélanopsine correspond bien entendu au ciel matinal ! C'est pourquoi il est plus facile de se réveiller aux premières lueurs du jour.

Il y a mieux encore : la lumière bleue ne régule pas seulement l'éveil, puisque les recherches démontrent qu'elle joue un rôle stimulant sur certaines fonctions cérébrales. Par exemple, grâce à l'imagerie médicale, l'équipe de Gilles Vandewalle, à Liège, a prouvé qu'une exposition à la lumière bleue augmente les performances dans certaines tâches cognitives mettant en jeu le contrôle exécutif, telles que l'attention, l'inhibition de certains comportements et la mémoire (la mémoire dite de travail, qui nous sert à manipuler les informations à brève échéance, et aussi celle à long terme) [1]. Comment expliquer cet effet ? Le mécanisme sous-jacent n'est pas tout à fait élucidé, mais Gilles Vandewalle évoque une hypothèse encore en cours d'exploration : le bleu stimulerait certains neurotransmetteurs du cerveau (les molécules assurant les interactions entre neurones) et, en particulier, celui qui est central pour la vigilance et l'attention : la noradrénaline.

Ainsi, même si une part du mystère demeure, une conclusion s'impose déjà : les cycles naturels du lever du soleil stimulent notre éveil et notre cognition. Et c'est la couleur bleue qui a le plus d'effet. Aux premières lueurs du jour (attention à ne pas fixer le soleil

1. G. Vandewalle, P. Maquet, D. J. Dijk, « Light as a modulator of cognitive brain function », *Trends in Cognitive Sciences*, 2009 ; 13(10), pp. 429-438.

plus de quelques secondes, sous peine d'endommager la rétine), au moment où l'intensité lumineuse est la plus faible, il est possible de profiter de l'astre lumineux sans danger. Vous pouvez alors faire l'expérience de son pouvoir stimulant sur votre cerveau.

Comment se soigner à la lumière naturelle

Et les autres couleurs du spectre solaire ? Nous sont-elles aussi bénéfiques ? La lumière naturelle possède une gamme de fréquences fort différente de celle des éclairages généralement à l'œuvre dans nos maisons. Or cette palette de teintes déclenche et stimule de nombreuses fonctions biologiques dans notre corps. Un exemple ? L'exposition de la peau au soleil augmente le taux de vitamine D dans l'organisme. Plus précisément, on estime que 80 à 90 % de la vitamine D du corps humain proviennent de sa synthèse par la peau, activée par le soleil [1]. La vitamine D influe sur de multiples processus métaboliques, notamment la réparation de l'ADN, l'activité antioxydante ou la régulation de la prolifération cellulaires, pour n'en citer que quelques-uns. En outre, il existe aussi une association avérée entre une plus grande quantité de vitamine D dans le corps et une moindre incidence

1. M. F. Holick, « Sunlight and vitamin D for bone health and prevention of autoimmune diseases, cancers, and cardiovascular disease », *The American Journal of Clinical Nutrition*, 80(6), 2004, pp. 1678S-1688S.

des infections par des pathologies virales aiguës comme la grippe[1] et même le Covid[2].

Surtout, comme nous l'avons pointé, l'exposition à la lumière du jour, celle que l'on perçoit au lever du soleil notamment, indique au cerveau que c'est l'heure d'arrêter de dormir. La lumière aide le cerveau à rétablir le cycle normal veille-sommeil, ce qui le rend plus alerte pendant la journée et favorise l'endormissement le soir. Ce rôle positif de la lumière sur les cycles veille-sommeil sert de plus en plus dans l'arsenal thérapeutique des médecins. Par exemple, on sait qu'un dérèglement de l'horloge circadienne a des conséquences négatives sur l'humeur. C'est l'origine du « trouble de l'humeur saisonnier », baptisé ainsi par l'Américain Norman Rosenthal, en 1982 : en période hivernale, une personne sur cinq éprouve une baisse d'énergie et de motivation, doublée d'une dépression plus ou moins prononcée qui s'efface ensuite à l'arrivée des beaux jours.

Une bonne hygiène de lumière naturelle permet de réduire considérablement ce trouble. Il suffit de s'exposer à la lumière le matin, puis de diminuer l'exposition à la lumière un peu avant d'aller se coucher (plus d'écran de téléphone ou d'ordinateur !) et,

1. M.F. Holick, « Biological effects of sunlight, ultraviolet radiation, visible light, infrared radiation and vitamin D for health », *Anticancer Research*, 36, 2016 pp. 1345-1356.

2. W. B. Grant, H. Lahore, S. L. McDonnell, C. A. Baggerly, C. B. French, J. L. Aliano, H. P. Bhattoa, « Evidence that vitamin D supplementation could reduce risk of influenza and COVID-19 infections and deaths », *Nutrients*, 12(4), 2020, p. 988.

finalement, de dormir dans des conditions d'obscurité totale. En favorisant la synchronisation de l'horloge biologique, ces règles contribuent à prévenir la dépression saisonnière. Si elle survient malgré tout, et sous avis médical, il est envisageable de recourir le matin à des séances d'exposition à une source lumineuse artificielle de plus forte intensité, d'une durée limitée (entre trente minutes à une heure en général). On l'ignore souvent, mais, dans cette pratique de luminothérapie (ou photothérapie), la lumière constitue un réel traitement, d'ailleurs pris en charge par la sécurité sociale [1].

Des commotions au Parkinson

Par son action sur le sommeil, la lumière bleue s'est révélée utile pour soigner diverses pathologies. Prenez ce qu'on appelle les commotions cérébrales : ce sont en fait des traumatismes crâniens légers causés par un choc, pendant un accident de voiture, une chute ou une activité sportive violente (le hockey ou le rugby, par exemple). Son cerveau ayant été violemment secoué, la victime manifeste des symptômes très invalidants d'une durée variable, de quelques semaines à parfois plusieurs mois. Les plus courants sont des maux de tête, des difficultés à se concentrer ou de la

1. C. Gronfier, « Chronobiologie, les 24 heures chrono de l'organisme », Inserm, 2017 (www.inserm.fr/information-en-sante/dossiers-information/chronobiologie).

fatigue. Eh bien, dans une étude [1], des chercheurs ont suivi 32 adultes atteints d'un traumatisme crânien léger et les ont exposés à une source de lumière bleue pendant trente minutes tous les matins, six semaines durant. Les résultats ont montré que, comparativement au groupe témoin, ces personnes récupéraient plus vite, avaient un meilleur sommeil ainsi qu'une somnolence réduite durant la journée.

Le même levier a permis de soulager des personnes affectées par la maladie de Parkinson. En effet, jusqu'à 90 % souffrent d'une fragmentation du sommeil et d'une somnolence excessive pendant la journée. Une équipe américaine du Massachusetts General Hospital à Boston, aux États-Unis, a donc examiné si la lumière pouvait constituer une nouvelle mesure de soin. Sur un groupe de 31 patients, les chercheurs ont effectivement mis en évidence que l'exposition, deux fois par jour, à une forte lumière limitait la fragmentation des phases de sommeil et réduisait la somnolence, améliorant aussi leur état général [2]. Les experts ne sont pas unanimes sur l'explication de ce phénomène, mais l'effet passe sans doute par une resynchronisation des rythmes circadiens, très perturbés dans cette maladie.

---

1. W. D. Killgore, J. R. Vanuk, B. R. Shane, M. Weber, S. Bajaj, « A randomized, double-blind, placebo-controlled trial of blue wavelength light exposure on sleep and recovery of brain structure, function, and cognition following mild traumatic brain injury », *Neurobiology of Disease*, 134, 2020, p. 104679.

2. A. Videnovic, E. B. Klerman, W. Wang, A. Marconi, T. Kuhta, P. C. Zee, « Timed light therapy for sleep and day-

Sur la base de ces résultats prometteurs, la luminothérapie est actuellement évaluée dans le traitement d'autres problèmes neurologiques comme la démence ou les troubles cognitifs. Des scientifiques anglais ont notamment rapporté des effets encourageants chez des résidents d'Ehpad présentant certains de ces symptômes. Néanmoins, les preuves ne sont pas encore suffisantes pour proposer la lumière comme traitement pour ce type de patients [1].

En attendant que les scientifiques puissent éclairer toutes ces questions, une chose est néanmoins claire : ces découvertes soulignent plus que jamais l'importance d'intégrer la lumière naturelle dans notre vie quotidienne. Sortir en plein air de temps en temps, c'est procurer à notre cerveau une nourriture dont il a besoin. Il m'apparaît essentiel que ces effets soient aussi pris en compte en ville, dans l'éclairage des bâtiments publics comme les hôpitaux et les maisons de retraite. Selon moi, le manque d'éclairage naturel dans ces lieux est une réelle question de santé publique. Même s'il ne permet pas de guérir, l'éclat du soleil reste précieux pour le moral et le bien-être. N'en privons pas les personnes les plus vulnérables !

---

time sleepiness associated with Parkinson disease : a randomized clinical trial », *JAMA Neurology,* (4), 2017, pp. 411-418.

1. D. Forbes, C. M. Blake, *et al.*, « Light therapy for improving cognition, activities of daily living, sleep, challenging behaviour, and psychiatric disturbances in dementia », *Dementia and Cognitive Improvement Group.* Résumé à retrouver sur : www.cochrane.org/fr/CD003946/DEMENTIA_les-preuves-sont-insuffisantes-pour-recommander-lutilisation-de-la-luminotherapie-dans-la-demence

6

Éprouver la beauté des couleurs

Qu'il s'agisse du bijou que vous avez offert, de votre nouvelle voiture ou du futur canapé de votre salon, je suis sûr que vous avez pris autant de soin à choisir la couleur de l'objet qu'à sélectionner le modèle. Omniprésentes, les couleurs sont une composante essentielle de nos vies, quoiqu'elles restent parfois si discrètes qu'on les oublierait presque. Michel Pastoureau, spécialiste de l'histoire culturelle des couleurs, l'a parfaitement compris :

> À force de les avoir sous les yeux, on finit par ne plus les voir. En somme, on ne les prend pas au sérieux. Erreur ! Les couleurs ne sont pas anodines, bien au contraire. Elles véhiculent des codes, des tabous, des préjugés auxquels nous obéissons sans le savoir, elles possèdent des sens variés qui influencent profondément notre environnement, nos comportements, notre langage et notre imaginaire [1].

---

1. M. Pastoureau, D. Simonet, *Le Petit Livre des couleurs*, Points, 2014.

Il y a ainsi une couleur qui se trouve sous notre nez et que, pourtant, nous faisons mine de ne plus voir : le gris. Il est partout dans les villes. Accompagnant l'urbanisme échevelé des années 1950, cette dominance monochromatique s'est imposée avec des matériaux comme le béton et l'asphalte, pour la construction des bâtiments et des routes. Les (autres) couleurs coûtant plus cher, l'urgence de l'après-guerre et la rentabilité ont conduit à la construction de bâtiments monochromes et ennuyeux, un peu partout dans le monde. Bien sûr, de nombreux projets de renouvellement urbain ont depuis essayé de ramener une touche de couleur dans l'espace public. On pense à Toulouse, la ville rose, une dominante qui lui procure une véritable identité. Mais, dans la plupart des métropoles, la grisaille reste toujours de mise.

Le gris est la couleur neutre par excellence, conformiste, passe-partout, qui ne dit rien et n'attire pas le regard. Pourtant, le cerveau humain a besoin d'être au contact d'une certaine diversité chromatique, ne serait-ce que pour satisfaire sa curiosité naturelle ! Dans les villes, la grisaille de l'environnement immédiat est souvent associée, à raison, à la monotonie et à la morosité, sources d'ennui et, fort probablement, de tristesse pour les citadins. Certes, personne n'a établi avec certitude le lien de cause à effet entre la grisaille des bâtiments et le taux accru (20 %) de dépression chez les citadins [1], de multiples facteurs

---

1. K. Sundquist, G. Frank, J. Sundquist, « Urbanisation and incidence of psychosis and depression : follow-up study of 4.4

étant probablement à l'œuvre. À l'inverse, d'après des travaux de l'université de Fribourg, en Allemagne [1], on sait que les personnes déprimées ont des difficultés à bien distinguer le contraste entre les couleurs et voient le monde plus ou moins de la même manière. Une vie monochrome en quelque sorte, qui trouverait son origine dans cette relation directe entre la dépression et la couleur grise.

Le merveilleux kaléidoscope animal

Et c'est là encore que la nature nous offre un cadeau formidable : elle arbore des couleurs extraordinairement diverses qui permettent au cerveau d'échapper à la morosité. Un des plus beaux exemples se trouve, selon moi, dans le monde animal, avec l'iridescence des colibris. Selon l'angle de vue, la gorge d'un colibri paraît dorée pour un observateur et noire pour un autre placé à quelques pas de là. Le superbe papillon Morpho adopte une stratégie voisine, en paraissant successivement bleu électrique puis noir au cours du vol, par ailleurs passablement erratique – de quoi désorienter tout prédateur cherchant à deviner le sens des pointillés désordonnés qui se dessinent

---

millions women and men in Sweden », *The British Journal of Psychiatry*, 184, 2004, pp. 293-298.

1. E. Bubl, E. Kern, D. Ebert, M. Bach, L. Tebartz van Elst, « Seeing gray when feeling blue ? Depression can be measured in the eye of the diseased », *Biological Psychiatry*, 68(2), 2010, pp. 205-208.

devant lui [1]… Si la couleur de ces espèces varie selon la position de l'observateur, c'est qu'elle tient en partie à des nanostructures subtiles, qui diffractent la lumière incidente – on parle alors de « couleur physiques » à l'opposé de celles, chimiques, obtenues grâce à des pigments ou à des colorants.

Cette multiplicité et cette richesse chromatique ne sont pas le fruit du hasard, mais résultent d'une longue histoire évolutive. Le grand pionnier de la théorie de l'évolution, Charles Darwin, se passionnait déjà par les couleurs des animaux, en se demandant pourquoi certains étaient « si joliment colorés et artistiques », si bien que d'innombrables recherches ont tenté de répondre à cette simple question.

Dans le domaine animal, on sait maintenant que des raisons très différentes poussent les animaux à s'orner de couleurs si complexes. Le camouflage permet évidemment de rester caché à la vue des autres, comme l'illustrent les talents du poulpe, dont la peau est jonchée de chromatophores qui s'ouvrent et se ferment pour moduler localement sa teinte en une fraction de seconde. De plus, certains animaux se protègent de l'hostilité de l'environnement grâce à leurs couleurs (plusieurs pigments sont de vraies crèmes solaires, par exemple), tandis que d'autres (comme les grenouilles) éclaircissent ou assombrissent leur peau de façon à réguler leur température. Les animaux exploitent aussi la couleur pour signaler leur appartenance à une même espèce, ou bien sûr pour

1. S. Berthier, *L'Éveil du Morpho,* Flammarion, 2021.

séduire un partenaire. Aussi, en signalant une possibilité de danger ou de toxicité, des couleurs vives intimident les prédateurs. Parfois même, par mimétisme, certains animaux profitent de la coloration d'avertissement d'une autre espèce pour se protéger. Là encore, on constate une gamme kaléidoscopique de teintes [1].

Plantes impressionnistes

Le monde végétal propose aussi une incroyable palette. Cette diversité est due à une agrégation complexe, au niveau microscopique, de pigments (la chlorophylle, mais aussi les caroténoïdes, flavonoïdes et anthocyanes) capables d'absorber ou de refléter très sélectivement une partie de la lumière visible. Mais la distribution de la lueur du jour change continuellement, de l'aube au coucher du soleil. Les couleurs de la flore varient donc sans cesse en fonction du temps, de l'heure de la journée ou de la saison. Avec les alternances d'ombre et de lumière, du jour et de la nuit, ces couleurs sont vivantes, étonnantes, sauvages, à l'opposé de celles que l'être humain a conçues et domestiquées – et encore, quelle serait notre surprise si notre vision s'étendait à l'ultraviolet ou à l'infrarouge…

Cette richesse colorimétrique de la flore est bien connue des peintres impressionnistes comme Paul

1. Documentaire de David Attenborough sur Netflix : *Life in Colour : A marvelous celebration of the colourful natural world*, 2021.

Cézanne. Regardez, par exemple, sa montagne Sainte-Victoire (voir ci-contre). Son style est très personnel, immédiatement reconnaissable. L'ensemble est un peu flou : une touche rapide, énergique, composée d'une juxtaposition de touches de couleurs qui s'agencent d'une manière complexe, même grossière lorsque l'on regarde de plus près, ce qui explique l'aspect inachevé de certains de ses tableaux. Mais la peinture traduit avec force les éphémères changements d'éclairage, d'ombre et de lumière sur la montagne et le paysage. On est si proche de l'expérience intime que fait Cézanne face à ce paysage d'Aix ! Très justement, il éclairait sa démarche en ces termes :

> Le paysage se pense en moi, et j'en suis la conscience […] La couleur est le lieu où notre cerveau et l'Univers se rencontrent.

C'était son intuition de peintre. Ainsi, ce que nous percevons comme le visible n'est pas quelque chose de déterminé, imposé à nos sens, mais plutôt une construction conjointe de la nature et de nous-mêmes.

La couleur se construit dans notre cerveau

Il est courant de penser que nos sens, et l'œil en particulier, reflètent exactement le monde extérieur. Nous considérons l'œil comme une sorte d'appareil photo, qui recueille les pixels de lumière et les envoie passivement au cerveau. Mais raisonner ainsi, c'est oublier que les couleurs n'existent pas en tant que

L'expérience de la couleur n'est pas indépendante du cerveau de celui qui peint ou de l'observateur. C'était l'intuition qu'avait Paul Cézanne lorsqu'il représentait la montagne Sainte-Victoire.

telles. Ce sont nos yeux et notre cerveau qui « construisent » cette sensation physiologique, d'où une frontière très ténue entre subjectivité et objectivité dans cette perception.

Pour mieux comprendre ce point important, revenons à la biologie de l'œil. Au niveau de la rétine, l'élaboration des couleurs se fonde sur l'activation d'une catégorie de photorécepteurs : les cônes (baptisés ainsi en raison de leur forme, voir p. 131). Il en existe trois types, appelés S, M et L : ils réagissent respectivement aux longueurs d'onde courtes vers le bleu (cône S, « *Short* » en anglais), ondes moyennes vers le vert (cônes M, « *Medium* ») et aux grandes longueurs d'onde vers le jaune et le rouge (cônes L,

« *Long* »). Lorsqu'une onde lumineuse atteint les photorécepteurs situés au fond de la rétine, elle active les cônes correspondants, qui produisent alors des impulsions électriques ensuite acheminées vers le cerveau *via* le nerf optique.

La vision diurne humaine est trichromatique. Toutes les couleurs que nous identifions résultent des combinaisons des signaux provenant de ces trois types de cônes, qui sont entre 3 et 4 millions sur la rétine. Le physicien anglais Thomas Young l'avait déjà compris au XIXe siècle : il postula qu'il devait exister seulement trois types de photorécepteurs en s'appuyant sur le fait que les peintres ne mélangent sur leur palette que trois couleurs (dites primaires) pour obtenir toutes les autres. Par ce mélange, le cerveau est capable de « fabriquer », de manière continue, toutes les couleurs de la lumière visible, du violet au rouge.

Bien sûr, tout se joue dans le cerveau. Ce dernier analyse conjointement les signaux issus des trois types de cônes et les interprète en fonction d'un contexte général. Souvent, la lumière étant plus ou moins intense, le cerveau doit procéder à un rééquilibrage pour tenir compte des conditions d'éclairage. Dans des conditions normales, c'est surtout à la lumière jaune-vert que l'œil est le plus sensible. Pour être perçue avec la même intensité, une source de lumière rouge-orangé doit être près de 10 fois plus puissante qu'une source de lumière jaune-vert. Mais, dans toute la gamme colorée, notre cerveau est capable de voir une multitude de nuances, c'est-à-dire le mélange de

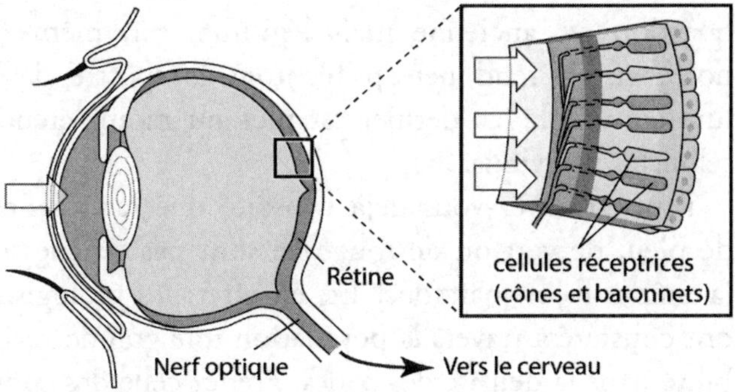

La perception des couleurs s'effectue par les biais de cellules spécialisées, des cônes, qui tapissent notre rétine. Elle implique trois types de cônes différents, sensibles à des gammes distinctes de longueurs d'onde.

plusieurs couleurs. On considère habituellement qu'un être humain distingue sans peine une petite centaine de nuances (jusqu'à des milliers chez les sujets particulièrement performants). Notez que la langue française est pauvre pour les nommer, bien qu'il existe un vocabulaire spécialisé. Par exemple, pour les verts, connaissez-vous le vert pomme, le vert émeraude, le vert de mer, le vert céladon, le vert prairie, le vert olive ou le vert bronze ?

Il faut néanmoins tenir compte d'un autre paramètre : la couleur d'un objet dépend de la lumière qui l'éclaire, mais aussi de celui qui l'observe. Et là se pose une question : la couleur que je vois pour ma part « verte » est-elle la même que pour vous ? Il est possible que vous la voyiez bleue, mais que vous la nommiez « verte » seulement par convention. La question est ancienne mais légitime, car, même si notre vision rend perceptible tout le spectre de la lumière visible, ce dernier est plus ou moins étendu selon les individus.

Peut-être avez-vous déjà constaté que les nuances de bleu, de vert ou de rouge ne sont pas perçues de la même façon par tous. Et, en effet, les biologistes ont constaté à travers la population une grande variabilité dans la densité des cônes. Prenez celle des cônes verts par rapport aux rouges : d'un individu à l'autre, elle varie d'un facteur de 0,1 à 16 [1] ! C'est ainsi que la population se répartit en deux groupes ayant une sensibilité différente au rouge : environ 8 % des hommes et 0,5 % des femmes n'en ont pas une vision normale pour des raisons génétiques, pathologiques ou traumatiques [2].

Cette forte disparité biologique explique pourquoi, sans être anormaux, certains individus ont du mal à discerner des variations de teintes, par exemple à séparer le cyan (celui des cartouches bleues de votre imprimante) et le turquoise. À l'inverse, en raison de mutations génétiques, des personnes bénéficient d'un type de cône supplémentaire qui leur permet de percevoir une palette de couleurs encore plus large. Cette

1. A. Roorda, D. R. Williams, « The arrangement of the three cone classes in the living human eye », *Nature*, 397, 1999, pp. 520-522.

2. P. Fleury, C. Imbert, « Couleur », *Encyclopædia Universalis*, 6, 1996, pp. 676-681 (www.universalis.fr/encyclopedie/couleur/).

« supervue » affecte entre 2 % et 12 % de la population, en majorité des femmes. Comme chez les oiseaux et les reptiles, cette vision tétrachromatique permet de percevoir des nuances beaucoup plus subtiles, indiscernables pour un trichromate comme vous et moi.

Voilà pourquoi personne ne voit les couleurs de la même façon. Pour couronner le tout, l'aptitude à discriminer avec précision les couleurs dépend de plus de la culture. Certains peuples disposent en effet d'un vocabulaire plus limité et tendraient à confondre des coloris que d'autres sont tout à fait capables de percevoir. Les tribus maories de Nouvelle-Zélande, par exemple, sauraient distinguer une centaine de rouges, les Inuits sept types de blanc [1]. Bien sûr, il est probable que les couleurs prévalentes dans un environnement géographique donné augmentent la propension des peuples qui y vivent à les différencier. Quoi qu'il en soit, souvenez-vous d'une chose, c'est la morale de toute cette section : la couleur est un phénomène subjectif qui existe autant dans la nature que dans l'œil de celui qui la regarde.

Le grand quale des couleurs

Par ailleurs, quand nous parlons des couleurs, se pose le problème que j'ai évoqué plus haut : comment

1. M. Brusatin, « Couleurs, histoire de l'art », *Encyclopædia Universalis*, 6, 1996, pp. 682-687.

s'assurer que nous parlons tous de la même chose ? Il est vrai que la perception d'une couleur, comme de tout ce qui nous entoure, est une expérience avant tout comprise par la personne qui l'éprouve. Dès lors, comment jeter un pont entre les phénomènes subjectifs et le monde physique ? Les philosophes ont baptisé cette épineuse difficulté « problème du fossé explicatif » [1]. L'Australien Frank Jackson a abordé le sujet, en 1986, dans un article resté célèbre et intitulé « Ce que Marie ne savait pas » [2] (« What Mary didn't know »).

Jackson y décrit l'histoire imaginaire – un peu tirée par les cheveux, il faut l'avouer – de Marie, une brillante scientifique qui a été forcée d'étudier le monde depuis sa chambre. Pour elle, tout est noir et blanc, et nuances de gris. Elle ne dispose que d'une télévision en noir et blanc. Marie, qui n'a donc aucun contact avec la couleur, s'intéresse à la neurophysiologie de la vision des couleurs. Grâce aux livres, elle finit par acquérir tout le savoir possible sur la science des couleurs. Avec l'aide d'un appareil, elle a aussi pu mesurer l'activité de son cerveau et connaît tout ce qui s'y passe lorsque l'on regarde une couleur.

Tout allait pour le mieux (enfin, selon Jackson !) jusqu'à ce qu'un jour, Marie quitte sa chambre et voie

---

1. L'expression est de Joseph Levine dans « Materialism and qualia : the explanatory gap », *Pacific Philosophical Quarterly,* 64(4), 1983, p. 354-361.

2. « What Mary didn't know », *The Journal of Philosophy,* 83, 1986, pp. 291-295.

Un récit imaginaire passé à la postérité : celui de Marie, qui connaissait tout des couleurs, mais qui n'en avait jamais vraiment fait l'expérience.

pour la première fois… une tomate rouge. Même si elle est incollable sur les tomates et sur les processus physiologiques à la base de l'expérience visuelle de la couleur du légume, elle n'a jamais fait l'expérience de cette dernière. Bref, elle sait *ce qu'est voir des couleurs*, mais n'a jamais su *l'effet que cela fait d'en voir.* Jackson pose alors la question : est-ce que Marie apprend quelque chose de nouveau en faisant l'expérience de la couleur ?

Pour de nombreux philosophes, Marie apprend quelque chose lorsqu'elle voit pour la première fois les couleurs, quelque chose qui ne se trouve ni dans la connaissance scientifique ni dans les propriétés physiques mesurables. Cette connaissance nouvelle ne peut être qu'éprouvée subjectivement. Les philosophes parlent ici de « qualia » pour désigner ces aspects qualitatifs associés à l'expérience vécue. Ce quale des couleurs est la manière singulière dont est vécue subjectivement la couleur par une personne.

Du beau dans le cerveau

Manifestement, les qualia des couleurs posent un problème à la science. Pourtant, malgré les obstacles, plusieurs scientifiques ont tenté d'étudier ce qui se passe dans le cerveau lorsque l'on éprouve la beauté des couleurs. Comme Semir Zeki, professeur à l'University College de Londres et spécialiste du cerveau visuel des primates. Zeki a enregistré, par imagerie à résonance magnétique fonctionnelle (IMRf), l'activité cérébrale de participants pendant qu'ils regardaient une œuvre d'art ou de beaux paysages. Les données accumulées ont conduit le scientifique à une conclusion des plus surprenantes : il existe dans le cerveau une zone systématiquement corrélée à l'expérience du beau [1].

Celle-ci se situe dans le cortex orbitofrontal médian, une région sise à l'avant du cerveau et associée au circuit de la récompense. Son activation déclenche une augmentation soudaine de la substance

1. S. Zeki, « Neurobiology and the humanities », *Neuron*. 84(1), 2014, pp. 12-14.

chimique, un neurotransmetteur, qui nous fait nous sentir bien, la dopamine. Cette même zone s'allume d'ailleurs quand nous tombons amoureux. Ainsi l'expérience esthétique d'un tableau ou de la nature évoque-t-elle un plaisir comparable à l'amour romantique (les amoureux de la nature seront probablement d'accord avec Semir Zeki sur ce point).

La nature comme une œuvre d'art, donc ? Les études démontrent en effet combien l'art ou la nature stimulent nos émotions intimes les plus profondes. Et, que l'on soit en face d'un tableau de Cézanne ou d'un parterre de fleurs, nos penchants esthétiques ont une base biologique commune. Dans un coin de notre cerveau, notre système de récompense résonne à toute forme de beauté, et il représente un noyau commun à toutes nos expériences esthétiques. Dans cette perspective, la contemplation de la nature est surtout une affaire de plaisir.

Les recherches sont allées plus loin encore. En se posant la même question que Zeki, une équipe de l'université de New York a effectué une découverte inattendue [1]. Lorsque les participants de leurs expériences, enfermés dans un scanner, ont fait état d'un fort sentiment esthétique en regardant des images, leur cerveau s'est éveillé dans les zones du « réseau du mode par défaut ». Si cela est apparu stupéfiant aux yeux des neuroscientifiques, c'est que ce réseau n'est

---

1. E. A. Vessel, G. G. Starr, N. Rubin, « Art reaches within : aesthetic experience, the self and the default mode network », *Front Neuroscience,* 7, 2013, p. 258.

censé s'embraser qu'en l'absence d'une tâche ou de stimuli extérieurs. Par exemple, il s'active lorsque l'on pense à soi (voir chapitre 4).

Dès lors, pourquoi les chercheurs ont-ils vu ce mode entrer en action ? Dans leur article, ils hasardent une explication : la beauté « obtient un accès au substrat neural impliqué dans la perception de soi : un accès que, normalement, les autres stimuli extérieurs n'obtiennent pas ». Selon eux, la beauté, et elle seule, réussit cet exploit. Elle « permet à l'œuvre d'art d'interagir avec les processus neuraux liés au soi, de les affecter, et peut-être même d'être incorporée en eux ».

Voilà qui expliquerait ce que l'on ressent devant les couleurs de la nature : un profond sentiment intérieur de plaisir lié à l'esthétique, connecté à la conscience de nous-mêmes. Cet unisson, ce « moment où le cerveau détecte une certaine harmonie entre le monde extérieur et notre représentation intérieure de nous-mêmes » nous donne l'impression que la beauté « nous touche du dedans » et nous ressemble.

Cela paraît abstrait, certes, mais la conséquence pratique est immédiate : à l'heure de la crise écologique, on se préoccupe d'une façon tout ce qu'il y a de plus scientifique et pratique de la destruction de la nature, de l'effondrement de la biodiversité, du risque pour la survie de l'humanité. Mais il ne faut pas oublier de s'en emparer du point de vue esthétique. Ce n'est pas seulement le bien physique qui est en jeu ; si nos cadres de vie devenaient laids, monotones et gris, il en résulterait de surcroît une dévalorisation de notre patrimoine spirituel.

7

Cultiver ses neurones

Les plantes furent longtemps considérées comme une forme de vie inférieure, passive et insensible. Un état « végétatif » de la nature, immobile et muet. Mais les découvertes scientifiques de ces dernières années ont bouleversé cette conception. En fait, les végétaux ont des comportements beaucoup plus sophistiqués qu'on ne le croyait. Par exemple, certaines plantes, comme les acacias, communiquent chimiquement avec leurs congénères à proximité – ou même avec des animaux – par l'émission de substances volatiles. Sous terre, des filaments microscopiques de champignons (les hyphes), extrêmement longs, tissent un réseau filaire fort complexe qui connecte les arbres entre eux. Ce réseau souterrain, baptisé parfois de façon amusante *Wood Wide Web* (« Internet des arbres »), agit sur le « tempérament » des arbres et peut amener certaines espèces à avoir du mal à cohabiter avec d'autres, ce que le botaniste Francis Hallé a poétiquement appelé la « timidité des arbres ».

Il faut dire que l'idée que les plantes seraient des êtres moins évolués que les animaux est totalement obsolète aujourd'hui. Bien sûr, la question « À quoi pensent les plantes ? » n'a guère de sens dans ma conception (même si certains chercheurs en écologie végétale se la sont effectivement posée [1]). Ce point de vue se retrouve dans des livres récents écrits par des scientifiques faisant l'éloge de la dimension sociale des arbres [2] – des êtres avec qui on pourrait fraterniser, voire parler. Il est aussi étonnant de voir le développement international de la pratique du *tree hugging* c'est-à-dire l'art de faire un câlin à un arbre ! Cela va trop loin selon moi, car il n'existe à ce jour aucune étude concernant la validité de cette accolade au regard de ce que l'on sait déjà des bienfaits d'une simple balade dans la forêt (chapitre 2).

Néanmoins, il est clair que les plantes sont indéniablement des êtres hypersensibles, dotés de la capacité d'interpréter leur environnement dans un sens qui leur est propre. Prenez, par exemple, leur sensibilité à la lumière [3]. Ces créatures ne possèdent ni œil ni cerveau ; en revanche, elles sont dotées d'un très grand nombre de photorécepteurs, c'est-à-dire des pigments qui assimilent la lumière, et ce sur l'intégralité de leur surface. En somme, les plantes « voient », mais leur vision ne dépend pas d'un seul organe dédié qui ne livrerait qu'un unique point de vue. Chez les plantes, ces récepteurs se sont multipliés et captent principalement quatre couleurs du spectre : l'ultraviolet, le bleu,

---

1. J. Tassin, *À quoi pensent les plantes ?*, Odile Jacob, 2016.
2. P. Wohlleben, *La Vie secrète des arbres,* Les Arènes, 2017.
3. D. Chamowitz, *La Plante et ses sens,* Buchet-Chastel, 2018.

le rouge clair et le début de l'infrarouge (ou rouge lointain).

Tout particulièrement, les photorécepteurs nommés cryptochromes sont sensibles à la lumière bleue et sont impliqués dans la perception de l'alternance jour/nuit (chez l'homme, c'est la mélanopsine de la rétine qui assure ce rôle, comme on l'a noté au chapitre 5). Ce sont ces récepteurs qui sont à la base du réveil quotidien de la plante, lorsque, à l'aube, les premiers rayons lumineux bleus frappent ses feuilles. La lumière bleue détermine alors le degré d'ouverture des stomates. Ce n'est pas tout. Ces récepteurs régulent aussi le mouvement de la plante vers des sources lumineuses ! Intense durant l'automne et l'hiver, la lumière bleue ralentit alors les effets d'une hormone (l'auxine), qui est responsable de la croissance des tiges centrales et des racines. Avec le bleu, la plante change donc de forme et devient plus robuste. Ainsi, au niveau de la perception visuelle, la vue des plantes est d'une très grande subtilité.

Mieux encore, on sait aussi que les plantes peuvent percevoir au moins vingt paramètres physiques et chimiques de leur environnement : le taux d'humidité, le champ magnétique (aussi capté par les cryptochromes), des gradients électriques, des gradients chimiques, la pesanteur… En définitive, les plantes n'ont ni yeux, ni nez, ni oreilles, et pourtant elles voient, sentent et réagissent au monde extérieur. Et rappelez-vous qu'elles ont peuplé en premier la Terre, avec succès, il y a plus de 370 millions d'années !

Animal vs plante

Certes, les plantes paraissent très futées, si vous me permettez cet adjectif, mais attention à ne pas sombrer pour autant dans l'anthropomorphisme. Notre propre histoire évolutive et celle des plantes se sont séparées il y a bien longtemps. Et une chose fondamentale nous en distingue : ce ne sont pas des *individus* au sens profond du terme. Le mot individu vient du latin *individuum*, qui désigne « ce qui est indivisible ». Or les plantes disposent en effet de structures en modules répétés contenant des méristèmes, c'est-à-dire des tissus non différenciés où la plante peut de nouveau naître. Autrement dit, les plantes sont effectivement susceptibles d'être divisées de par leurs corps modulaires. Chez la plante, chaque partie est importante, sans qu'aucune ne soit indispensable.

Le rhizome donne un bel exemple de ce caractère infini. C'est une tige souterraine couverte d'une multitude de ramifications, qui se nouent entre elles et se prolongent dans un réseau très dense (voir ci-contre). Le bourgeon est tout d'abord horizontal, puis il se redresse et sort de terre pour former les parties aériennes et fleurir. Une fois qu'il a fleuri et fané, la tige souterraine, le rhizome, se développe de nouveau par un bourgeon qui s'allongera pour former dans le sol une nouvelle portion, qui ressortira au printemps, et ainsi de suite. Comme l'ont remarqué Gilles Deleuze et Félix Guattari [1], le rhizome n'a pas de

1. G. Deleuze et F. Guattari, *Mille Plateaux*, Éditions de Minuit, 1980.

Le rhizome est la tige souterraine d'une plante qui se développe horizontalement et bourgeonne en n'importe quel point.

centre et son développement s'effectue en n'importe quel point, d'une manière totalement non hiérarchique et imprévisible.

Mais sans doute vous demandez-vous où je veux en venir : en quoi l'organisation d'une plante a-t-elle une quelconque pertinence pour notre propos ? En fait, malgré de grandes différences, certaines évidences suggèrent que le cerveau peut être qualifié d'organe végétal. Le biologiste français Gérard Nissim Amzallag l'a très bien compris dans son livre *L'Homme végétal* [1] :

> L'image la plus appropriée pour se représenter le cerveau n'est pas celle d'une machine sophistiquée (un

1. G. N. Amzallag, *L'Homme végétal. Pour une autonomie du vivant*, Albin Michel, 2003, p. 27.

ordinateur, par exemple), mais plutôt celle d'un végétal, organisme comportant des modules plus ou moins homologues (les feuilles), et qui ne cesse son développement toute la vie durant.

À dire vrai, les neurosciences le montrent parfaitement. Il est possible de comparer notre cerveau à un immense végétal, où les neurones seraient de petites plantes qui s'entremêleraient en des réseaux complexes. C'est l'Espagnol Santiago Ramón y Cajal qui l'a observé en premier. En 1888, en utilisant une coloration particulière, à l'argent, des tissus cérébraux, Cajal obtint des images d'une qualité inédite et parvint à isoler des cellules nerveuses individuelles. En plus d'être un scientifique hors pair, c'était aussi un véritable artiste, et il dessina méticuleusement chacune des innombrables ramifications qu'il contemplait dans son microscope (voir ci-contre). Ainsi, il apporta la preuve que les cellules nerveuses, c'est-à-dire les neurones, sont anatomiquement indépendantes les unes des autres, ce qui lui vaudra le prix Nobel de physiologie et médecine en 1906.

On sait aujourd'hui que chaque neurone se compose d'un minuscule corps central (de 10 à 50 micromètres d'extension) d'où partent de petites « racines », les dendrites, et une longue branche principale, l'axone. Ce dernier se prolonge sur une grande distance. C'est l'axone qui véhicule l'influx nerveux vers les autres neurones : le corps central cellulaire envoie un signal électrique qui se propage le long de l'axone. Au bout, il y a les synapses c'est-à-dire les zones de contact entre les

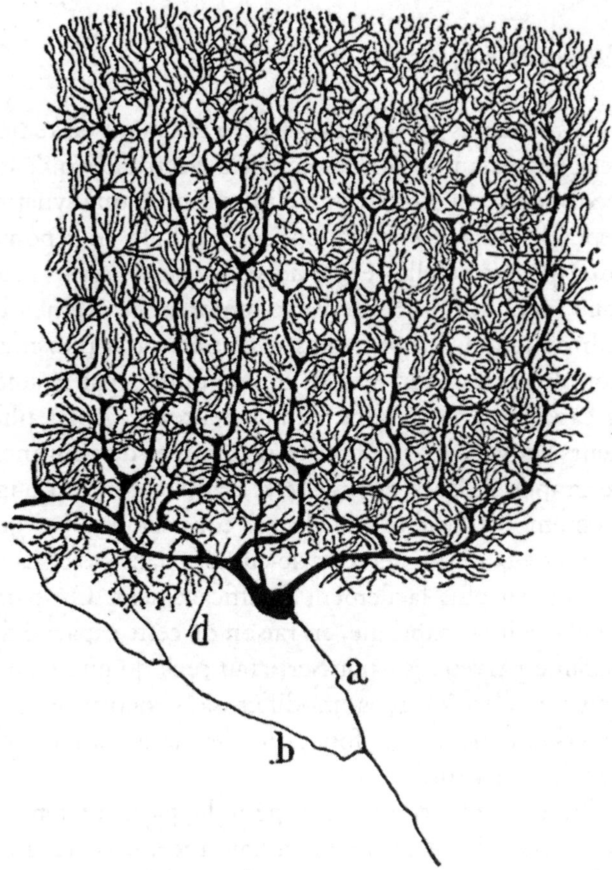

Un somptueux neurone dessiné par Santiago Ramón y Cajal.

neurones, qui se situent à la fin de l'axone et au début de la dendrite de la cellule suivante.

Pousser et élaguer

Les synapses ne sont pas figées : elles sont en remodelage constant, selon les activités électriques qu'elles reçoivent. Le maintien ou l'élimination d'une synapse dépend ainsi de l'activation de la cellule en réponse aux signaux qu'elle reçoit de ses voisines : si le neurone répond, la synapse va se renforcer et augmenter la production des protéines nécessaires à la transmission de l'influx nerveux, ce qui amplifiera par la suite sa capacité à réagir aux mêmes neurones. Après plusieurs activations synchrones de groupes de neurones, de grands réseaux émergent et se stabilisent en augmentant l'efficacité de leurs connexions, ce qui permet aux influx nerveux de circuler dans ces réseaux de plus en plus facilement et efficacement. On parle de plasticité synaptique, en raison de cette capacité du système nerveux à « pousser » (au sens qu'une plante pousse), c'est-à-dire à modifier sa structure et son fonctionnement en fonction des stimulations de l'environnement.

Toute l'enfance est une période particulièrement active pour les synapses : à la naissance, le cerveau du bébé contient environ 100 milliards de neurones (qu'il gardera tout au long de sa vie), et chacun de ces neurones va établir jusqu'à 15 000 connexions. Au début, une multitude de connexions apparaissent de manière redondante et aléatoire entre les synapses (notamment au cours de la première année de vie) ; puis seules les connexions entre des neurones simultanément actifs sont conservées, tandis que les autres sont éliminées (*use it or lose it* comme disent les Anglo-Saxons). C'est le phénomène d'élagage (tiens, un autre terme venant du monde végétal) synaptique. Ce processus a lieu tout au long de la vie, mais avec une intensité particulière dans la prime enfance et jusqu'au début de la puberté. Cette phase est capitale dans le développement, car l'élimination des synapses assure une meilleure efficacité des réseaux neuronaux et rend ainsi le cerveau plus performant. Moins, mais mieux en quelque sorte.

Une analogie avec l'élagage de buissons peut être tentée : le cerveau du jeune enfant est un massif d'arbustes où les branches poussent dans toutes les directions (dans le cerveau, rappelons-le, il s'agit des connexions synaptiques entre neurones). Il est donc nécessaire de les tailler, de couper les branches superflues ou les moins efficaces, afin de consolider la croissance du massif tout entier. La taille va aussi faciliter la ramification, et donc l'apparition de nouvelles branches. En définitive, le développement des aptitudes cognitives ne dépend pas du nombre de neurones ou de connexions, mais surtout de la création de circuits stables qui garantiront la bonne circulation de l'information.

Mais les différentes parties du cerveau ne mûrissent pas au même moment. Dans un premier temps, pendant l'enfance, l'élagage synaptique se fait essentiellement dans les régions motrices et sensorielles du cerveau. Ultérieurement, l'élagage affecte des régions impliquant les traitements de l'information plus complexes telles que le cortex préfrontal, associé aux capacités de raisonnement et de planification. Peu à peu, l'ensemble de ces réseaux spécialisés se mettront en place pour permettre la marche, le langage, la lecture, la conscience de soi et les interactions avec autrui. Et c'est là que les stimulations de l'environnement, c'est-à-dire l'éducation, jouent un rôle si crucial dans l'élagage synaptique. Si ce n'est pas le cas, un nombre excessif de connexions se maintiendront et rendront paradoxalement le cerveau moins complexe, donc moins riche.

Fractal car optimal

Autre facette de la maturation du cerveau : si le neurone interagit avec de nombreux autres, il multipliera aussi ses dendrites, c'est-à-dire l'arborescence autour du corps cellulaire, le foisonnement de branches et de sous-branches qui s'étendent de tous les côtés. Au cours du développement de l'enfant, les arborescences dendritiques non seulement croissent, mais multiplient leurs subdivisions à mesure que les fonctions cérébrales se développent. Mais pourquoi la complexité des arborescences est-elle nécessaire au bon fonctionnement du cerveau ? Les mathématiciens ont donné une explication étonnante. Une des particularités des dendrites est leur forme « fractale », c'est-à-dire que leur motif se répète à des échelles de

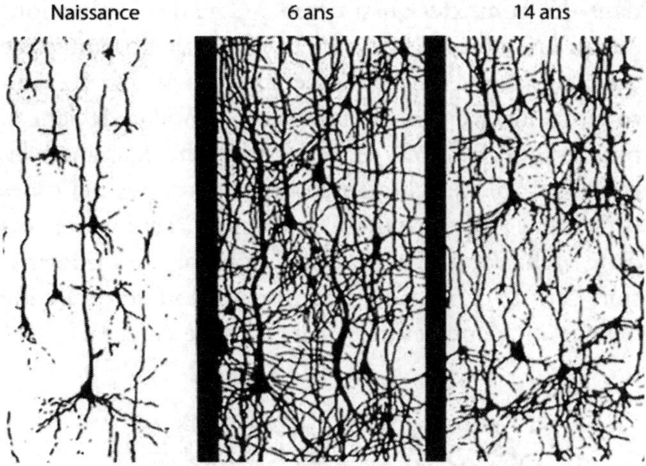

Formation des réseaux synaptiques au début de la vie. L'élagage synaptique élimine les synapses qui ne sont pas mobilisées pendant la petite enfance.

plus en plus petites. Autrement dit, elles possèdent une propriété d'autosimilarité : quelle que soit l'échelle de zoom à laquelle on les regarde, on observe les mêmes arborescences (voir p. 152).

Si les formes fractales ont été décrites la première fois en 1975 par le mathématicien français Benoît Mandelbrot, il s'avère qu'elles se retrouvent un peu partout dans la nature, dans des phénomènes tels que la croissance de cristaux, de végétaux, les alvéoles des poumons ou encore, donc, dans la structure du réseau de dendrites entre neurones. Y aurait-il une raison qui présiderait à l'apparition de ces géométries fractales dans des contextes aussi divers ? Une des explications est qu'une arborescence fractale fournit une interface optimale avec l'environnement. Dans le cas du neurone, la surface de contact avec l'extérieur devient la plus grande possible, et cette propriété maximise les échanges avec les autres neurones. Ainsi, les neurones présentent l'aspect ramifié d'arbres ou de buissons, car cette architecture favorise la circulation de l'information dans le cerveau. On comprend donc mieux cette belle coïncidence entre le végétal et le cérébral.

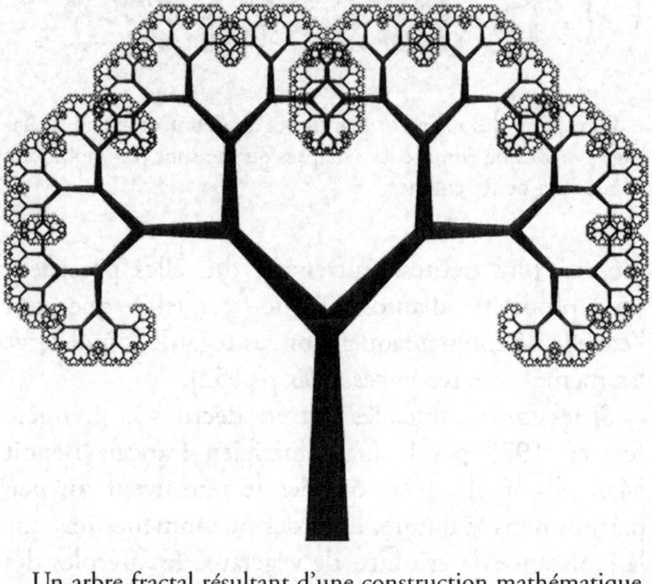

Un arbre fractal résultant d'une construction mathématique. Le même motif se répète dans chacune de ses sous-parties.

Les arborescences, entre puissance et beauté

Une fois arrivé à maturité, l'ensemble de ces croissances et de ces sélections confère au cerveau une organisation unique par sa complexité. Il suffit de regarder une simple coupe pour s'en apercevoir (voir ci-dessous). Pas besoin d'être un scientifique pour le comprendre. Cette richesse est immédiatement révélée par la variété des structures que l'on peut y découvrir, à l'échelle du neurone jusqu'à l'échelle de l'organe entier. La morphologie de ses cellules, l'organisation géométrique de ses couches, ainsi que ses formes multiples

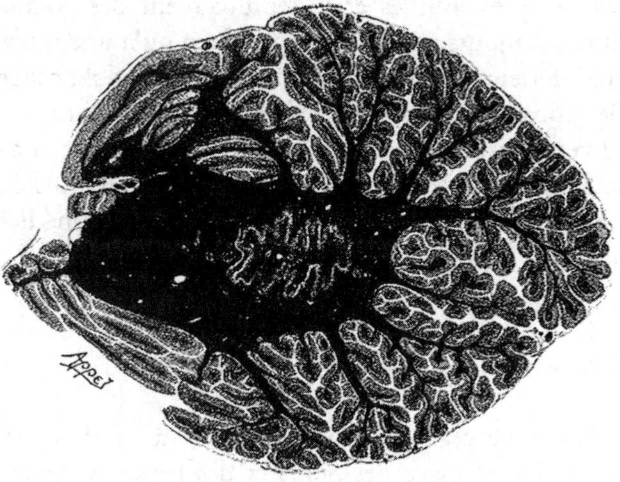

Coupe d'un cerveau. Ici le cervelet est visible. Cette structure tient un rôle majeur dans la coordination et la réalisation des mouvements. Sa forme singulière a été baptisée « arbre de vie ».

fascinent et captivent au premier coup d'œil. Chaque région du cerveau (cortex, cervelet, striatum, etc.) est un chef-d'œuvre de finesse, du microscopique ou macroscopique. Cette extrême profusion de détails nous rappelle la beauté du règne végétal. L'analogie est si forte que certains anatomistes ont donné le nom d'« arbre de vie » à certaines arborescences qu'ils ont découvertes dans les circonvolutions du cortex (comme celles du cervelet, voir p. 153).

Contrairement à ce que l'on a longtemps cru, ces arborescences continuent de pousser tout au long de la vie. Une fois parvenu à maturation, vers l'âge de 20 ans, le cerveau n'entame pas une lente et inexorable dégénérescence, mais évolue encore. L'élagage des synapses inutiles et le renforcement des circuits jouent toujours un rôle essentiel, bien qu'à une intensité inférieure par rapport à l'enfance ou l'adolescence. De nouvelles connexions s'établiront, et d'autres à l'inverse disparaîtront, en fonction des circonstances de la vie. Par exemple, l'apprentissage d'un instrument de musique établira des connexions inédites entre vos aires auditives et motrices.

Acceptons la part de végétal en nous

Notre cerveau est donc comme un jardin, sauf qu'en lieu et place des fleurs et des légumes, nous y faisons pousser des connexions synaptiques. Un grand jardin de 100 milliards de petites plantes, qui donnent lieu à des réseaux de grande complexité. Les édifier exige parfois des années (songez à l'apprentissage de la lecture), le temps que les neurones stabilisent leurs ramifications. Une question se pose alors : qui est le jardinier ? Comment s'opère le travail d'entretien des neurones en premier lieu ?

Seuls quelques chercheurs commencent à débroussailler la question. Voici le peu que l'on sait : certaines cellules (comme les cellules gliales, un type de cellules qui cohabitent avec les neurones et qui constituent 50 % du cerveau) ont un rôle actif au cours de l'élagage des neurones, notamment en digérant les débris des vieux axones [1]. D'une manière imagée, celles-ci arrachent les mauvaises herbes, mais peuvent aussi tuer les insectes nuisibles ou ramasser les feuilles mortes.

On sait également qu'il n'y a nulle part un jardinier en chef qui contrôle l'ensemble des opérations. Autrement dit, tout se déroule de manière locale, auto-organisée, comme dans la nature sauvage. Le philosophe Gilles Deleuze en avait déjà l'intuition lorsqu'il parlait du cerveau :

> Beaucoup de gens ont un arbre planté dans la tête, mais le cerveau lui-même est une herbe beaucoup plus qu'un arbre [2].

---

1. A. Boulanger, C. Thinat, S. Züchner, L. G. Fradkin, H. Lortat-Jacob, J. M. Dura, « Axonal chemokine-like Orion induces astrocyte infiltration and engulfment during mushroom body neuronal remodeling », *Nature Communications*, 12(1), 2021, p. 1849.

2. G. Deleuze, F. Guattari, *Mille Plateaux*, 24bc, Éditions de Minuit, 1980, et www.webdeleuze.com/textes/361

Deleuze distinguait l'arbre, structure fondamentalement hiérarchisée, et l'herbe, structure anarchique qui évolue dans toutes les directions et dénuée de niveaux (comme le rhizome, donc). Pour illustrer ses propos, Deleuze citait les travaux du neurobiologiste américain Steven Rose. Ce dernier utilisait lui-même la métaphore du liseron s'enroulant autour d'une ronce pour expliquer la façon dont une dendrite s'enroule autour de l'axone dans l'objectif de créer de multiples synapses [1]. Le développement des réseaux synaptiques ressemble beaucoup, en effet, à la pousse imprévisible de certaines plantes, dont les bourgeons se ramifient au hasard et en n'importe quel point.

Mais ces similarités entre la structure du cerveau et celle des plantes sont-elles vraiment signifiantes ? Autrement dit, peuvent-elles nous apprendre quelque chose sur le fonctionnement proprement dit de l'organe ? En premier lieu, cette proximité architecturale suggère que les mêmes lois d'organisation pourraient être à l'origine de leur croissance commune, qui est d'un niveau de complexité comparable. Faut-il voir le reflet du lien, certes lointain, mais véritable que plantes et animaux partagent ? Ces questions suscitent actuellement beaucoup de débats, parfois houleux, dans la communauté scientifique.

Essayons d'élargir encore : selon Francis Hallé [2], l'un des traits qui caractérise la plante est sa sédentarité et

---

1. S. Rose, *The Conscious Brain*, Harmondsworth, Middlesex, Penguin Books, 1976.

2. F. Hallé, *Éloge de la plante. Pour une nouvelle biologie*, Points, 2014.

sa conséquence directe : elle ne peut pas s'enfuir, ce qui signifie qu'elle a appris à affronter l'adversité, au lieu de la fuir comme les animaux. Pour ce faire, le végétal a su développer d'énormes capacités de résistance. Or l'une des forces du végétal est liée à la puissance de son enracinement (essayez de débarrasser un sol de ses mauvaises herbes : vous aurez beau couper et couper encore les pousses, il restera toujours un peu de vie dans le sous-sol, prêt à jaillir des racines). Dans la vie végétative, cet enracinement nécessite beaucoup de patience et d'obstination de la part de la plante.

À cet égard, ne pourrait-on pas y voir une formidable leçon ? La philosophe française Simone Weil définissait l'enracinement (humain) comme « le besoin le plus important et le plus méconnu de l'âme humaine ». Elle confiait ainsi :

> Un être humain a une racine par sa participation réelle, active et naturelle à l'existence d'une collectivité qui conserve vivants certains trésors du passé et certains pressentiments d'avenir. Participation naturelle, c'est-à-dire amenée automatiquement par le lieu, la naissance, la profession, l'entourage. Chaque être humain a besoin d'avoir de multiples racines [1].

Comme une plante qui se fonde sur ses racines pour lentement consolider son ancrage et sa croissance, nous avons besoin de nous appuyer sur nos proches, sur un lieu familier et bien établi, mais aussi

1. S. Weil, *L'Enracinement*, Gallimard, 1990.

sur un espace naturel qui nous permet de nous ressourcer et de nous épanouir.

Une manière simple d'en avoir l'intuition est peut-être de cultiver soi-même une plante. En prenant le temps de l'observer. Mais aucun de nos cinq sens ne nous livrera le film de la croissance végétale et c'est bien dommage. Les plantes évoluent dans un espace-temps hors de notre portée directe. Pour surmonter cette difficulté, il faut regarder les plantes tous les jours, se remémorer leur état de la veille et les comparer mentalement. De l'attention et de la patience sont nécessaires, mais, croyez-moi, le jeu en vaut la chandelle. De la graine aux racines, au développement des tiges et des feuilles, à l'apparition des bourgeons jusqu'à l'éclosion des fleurs, le monde végétal nous enseigne à apprécier la force de la lenteur.

8

Vivre à son rythme

Georges Moustaki nous conviait dans une chanson, avec tendresse, à « prendre le temps de vivre, d'être libres […], sans projet et sans habitude »… Un coin de verdure nous lance la même invitation : à nous accorder du temps, à freiner le tourbillon de nos vies, à nous sentir exister. Déambulant au milieu d'un jardin, je me laisse imprégner par le calme ambiant, par la sérénité émanant des fleurs qui sont en train de croître lentement, à leur rythme donc. Observer ces processus apaise mon esprit et m'offre une source de régénération.

Nous ne prêtons pas assez d'importance à ce temps qui circule dans les êtres et fait tourner les horloges. Il apparaît presque trop évident pour que nous nous en souciions. Mais être en contact avec le vivant, c'est aussi respecter et comprendre ses rythmes et les règles qu'il nous impose. Je songe aux multiples cycles naturels qui influent sur la vie humaine.

Une horloge presque parfaite

La biosphère est soumise au rythme du jour et de la nuit, causé par la rotation de la Terre. À ce titre, notre physiologie se règle sur les différents moments de la journée. Pour commencer, laissez-moi revenir un moment sur l'horloge circadienne que j'ai décrite au chapitre 5. Cette horloge cale ses rythmes sur la lumière du soleil, selon un cycle proche de vingt-quatre heures. Ce rythme, suivi par tous les êtres vivants, est un système très précis et vital. Les variations de la température corporelle, les oscillations hormonales et d'autres paramètres comme la vigilance répondent tous à cette synchronisation externe.

J'aime rappeler la phrase prononcée par Michel Siffre, qui a séjourné seul dans un gouffre durant plus de deux mois : « Sous terre, sans repère, c'est le cerveau qui crée le temps [1]. » On l'a vu, ces rythmes sont coordonnés dans notre cerveau par de tout petits groupes de neurones (environ 10 000) situés dans le noyau suprachiasmatique. Cependant, même si cette horloge principale bénéficie d'un fonctionnement autonome, avec une précision digne d'un mécanisme de montre suisse, elle n'est pas parfaite, et elle a besoin régulièrement de se caler sur la lumière du jour pour se resynchroniser et être plus précise.

---

1. D. Dubuc, « Michel Siffre : "Sous terre, sans repère, c'est le cerveau qui crée le temps", *Le Monde*, 05 mai 2017 (www.lemonde.fr/tant-de-temps/article/2017/05/05/michel-siffre-sous-terre-sans-repere-c-est-le-cerveau-qui-cree-le-temps_5122609_4598196.html).

Cette horloge centrale coordonne ensuite l'activité de nombreuses autres horloges situées dans les différents organes du corps et qui possèdent eux aussi leurs propres cycles moléculaires (p. 165). On connaît, par exemple, l'existence d'une horloge alimentaire qui règle la préparation de notre système digestif au repas à venir. En effet, la capacité de prévoir et d'anticiper l'heure du repas est critique pour la survie dans le monde animal, en particulier lorsque la nourriture est rare. Donc, comme l'ont bien montré les travaux du neurobiologiste Étienne Challet, de l'université de Strasbourg, une « horloge alimentaire », constituée d'un réseau de plusieurs horloges cérébrales, induira un comportement d'anticipation de la nourriture et sera remise à l'heure après l'ingestion de cette dernière [1]. D'autres horloges circadiennes interviennent dans la température du corps, la circulation sanguine, le métabolisme et même la pousse de cheveux, dont l'intensité varie au cours de la journée !

Ces variations temporelles sont si fondamentales qu'elles se maintiennent même à l'intérieur de cellules lorsqu'on les isole dans un milieu de culture (et qu'on les éclaire d'une lumière constante). Mais quel est le mécanisme moléculaire sous-jacent ? Une première réponse a été donnée par Seymour Benzer en 1971, dans son laboratoire de l'Institut californien de technologie. Chez la mouche drosophile, Benzer a

1. É. Challet, *et al.*, « Lack of food anticipation in Per2 mutant mice », *Current Biology*, 16(20), 2006, pp. 2016-2022.

identifié ce qu'il appela le gène « période »[1] : un gène qui produit des protéines toutes les vingt-quatre heures.

Le biologiste montra aussi que les gènes d'horloge, loin d'être spécifiques aux seuls neurones, sont exprimés dans pratiquement toutes les cellules du corps. Depuis ce constat, de nombreux autres gènes *horlogers* ont été découverts (portant les noms évocateurs de *clock*, *tim*, *bmal* ou *cry*). Ils fonctionnent tous de façon cyclique au cours des vingt-quatre heures que dure une journée, avec des pics en matinée et en début de soirée[2]. Ainsi, le temps est inscrit au niveau du noyau de la plupart des cellules de notre corps, et l'activité de multiples gènes fluctue selon un rythme de plus ou moins vingt-quatre heures[3]. Cette découverte extraordinaire a conduit à un prix Nobel de physiologie et médecine en 2017.

Il reste que les variations circadiennes les plus puissantes concernent la sécrétion des hormones, qui influencent la physiologie du corps tout entier. Ainsi,

1. R. J. Konopka, S. Benzer, « Clock mutants of Drosophila melanogaster », *Proceedings of the National Academy of Sciences*, 68, 1971, pp. 2112-2116.

2. L. S. Mure, H. D. Le, G. Benegiamo, M. W. Chang, *et al.,* « Diurnal transcriptome atlas of a primate across major neural and peripheral tissues », *Science*, 359(6381), 2018.

3. M. H. Vitaterna, D. P. King, A. M. Chang, J. M. Kornhauser, P. L. Lowrey, J. D. McDonald, W. F. Dove, L. H. Pinto, F. W. Turek, J. S. Takahashi, « Mutagenesis and mapping of a mouse gene, Clock, essential for circadian behavior », *Science*, 264(5159), 1994, pp. 719-725.

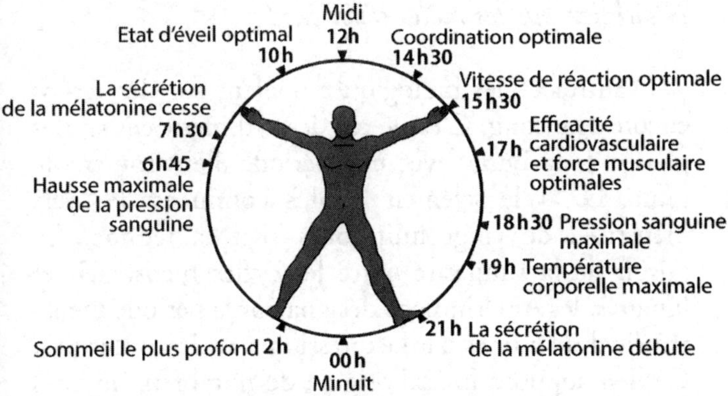

L'horloge circadienne cale toutes les fonctions physiologiques sur la lumière solaire, selon un cycle proche de vingt-quatre heures.

la mélatonine, fabriquée dans la glande pinéale, est presque indécelable dans le sang pendant la journée. Elle commence à être sécrétée en milieu de soirée, à mesure que la lumière diminue, et atteint un pic entre 2 heures et 4 heures du matin. Au contraire, le cortisol est produit juste avant le réveil, au matin, et contribue ainsi à l'activation générale de l'organisme. D'autres hormones n'existent que pendant le sommeil et lorsqu'il est le plus profond, surtout en début de nuit. C'est le moment privilégié, par exemple, de l'hormone de croissance, indispensable pour faire pousser les os et les muscles des enfants. Chez l'adulte, cette hormone joue un rôle important dans le métabolisme, en favorisant la synthèse des protéines ou en aidant à brûler les graisses.

N'oubliez pas les cycles séléniens !

D'autres cycles biologiques opèrent sur des temps encore plus long. C'est le cas des rythmes calés sur les phases de la Lune, avec une période d'environ trente jours. Le cycle sélénien le plus connu est le cycle menstruel de vingt huit jours chez la femme. En raison de la similarité entre les cycles menstruels et lunaires, les Amérindiens désignaient la période menstruelle des femmes par l'expression « avoir ses Lunes ». Ce lien supposé fut à l'origine de nombreux mythes et légendes portant sur les énergies lunaires et a conduit aussi à maintes traditions culturelles. Du côté de la science, quelques études ont longtemps cherché à établir des corrélations entre les cycles lunaires et menstruels, mais sans grand succès.

Il a fallu attendre 2021 et une étude publiée dans la revue *Science* [1] pour comprendre que ce lien n'était pas si ésotérique. C'est Charlotte Förster, titulaire de la chaire de neurobiologie et de génétique à l'université de Wurtzbourg, en Allemagne, qui en a fourni une première preuve. Elle et son équipe ont étudié le déroulement des cycles menstruels de 22 femmes qui avaient consigné dans un carnet le rythme de leurs menstruations, dont une participante qui relevait son cycle menstruel depuis trente-deux ans. Une fois comparées aux phases de la Lune pendant ces années, ces

1. C. Helfrich-Förster, S. Monecke, I. Spiousas, T. Hovestadt, O. Mitesser, T. A. Wehr, « Women temporarily synchronize their menstrual cycles with the luminance and gravimetric cycles of the Moon », *Science Advances*, 7(5), 2021.

données ont montré qu'en moyenne, chez les femmes de moins de 35 ans, les menstruations sont synchronisées avec la pleine lune ou la nouvelle lune dans un peu moins d'un quart des cas. Au-delà de 35 ans, cette synchronisation opère à peine une fois sur dix.

Pour autant, l'origine de cette synchronisation demeure totalement inconnue. Même si les chercheurs restent prudents, ils émettent l'hypothèse que la gravité pourrait jouer un rôle. En effet, les changements de position de la Lune ont une forte incidence sur la pesanteur s'exerçant sur tout corps sur Terre, comme le démontrent les marées. Il est donc vraisemblable que l'organisme humain soit aussi capable de sentir les changements gravitationnels lents et périodiques induits par notre satellite naturel, par des mécanismes qui sont encore à découvrir.

Une saison, des maladies

Sur des temps plus longs, les saisons exercent une forte influence sur la vie de l'ensemble des espèces de la planète. Leur tempo modifie considérablement une multitude de paramètres environnementaux, notamment la température, la luminosité ou encore la pluviosité. Des animaux ne subissent pas passivement ces fluctuations, mais au contraire essayent d'en tirer parti. D'aucuns migrent, d'autres hibernent ou manifestent une temporalité dans leur reproduction. Même si l'homme est moins sensible à la saisonnalité, en particulier dans les pays industrialisés où la vie moderne nous offre un net confort, certaines caractéristiques de notre espèce continuent d'être sous l'influence des saisons.

C'est le cas de notre capacité à lutter contre les maladies. Plusieurs études ont clairement établi que l'incidence de diverses maladies varie énormément au cours de l'année, avec un pic en hiver. C'est vrai pour des maladies virales comme la grippe (et probablement le Covid), qui frappe le plus durement de décembre à avril. Mais c'est aussi avéré pour les infarctus du myocarde, les accidents vasculaires cérébraux (AVC) ou certaines maladies auto-immunes (diabète de type 1, polyarthrite rhumatoïde).

La sensibilité variable à ces maladies suggère que l'activité de notre système immunitaire pourrait fluctuer selon les saisons. Et, en effet, cela a été confirmé dans une grande étude sur plus de 16 000 personnes de six pays différents, situés dans des zones géographiques distinctes [1]. À partir des échantillons de sang prélevés à différents moments de l'année, les chercheurs ont analysé les niveaux d'expression de 22 822 gènes. Sur tous ces gènes passés à la loupe, près d'un quart (5 136) connaissait une saisonnalité, dont certains intervenant dans la réponse immunitaire et inflammatoire. De façon logique, les gènes saisonniers présentent des temporalités opposées dans les hémisphères Nord et Sud. Cette découverte pourrait expliquer pourquoi notre système immunitaire est plus

---

1. X. C. Dopico, M. Evangelou, R. C. Ferreira, *et al.*, « Widespread seasonal gene expression reveals annual diffe-

actif pour lutter contre certaines maladies en hiver, en particulier en Europe. Il est vrai que les réponses inflammatoires sont plus prononcées en période hivernale, et que les maladies auto-immunes telles que l'arthrite ont tendance à redoubler à ce moment-là.

Au niveau plus psychologique aussi, on l'a vu (chapitre 5), la lumière et les saisons affectent l'humeur et le comportement. On sait qu'une partie de la population est très sensible à la baisse de la luminosité, ce qui l'expose à la dépression saisonnière. Souvent désigné par l'éloquent (« triste ») acronyme anglo-saxon de SAD (pour *Seasonal affective disorder*), ce trouble survient généralement en automne-hiver, lorsque les heures d'ensoleillement diminuent.

Plus étonnant encore, on a prouvé que les fonctions cognitives varient aussi suivant le rythme des saisons. Dans un article [1], des chercheurs de l'université de Liège ont étudié en laboratoire, à plusieurs reprises durant l'année, les performances intellectuelles de jeunes adultes. Des batteries de tests ont été menées, sollicitant la concentration et la mémoire de travail (c'est-à-dire le maintien des informations à court terme). Les chercheurs ont alors observé que l'attention atteint son maximum vers le solstice d'été (mi-juin) et son minimum vers le solstice d'hiver (mi-décembre). En revanche, la mémorisation présente un

---

rences in human immunity and physiology », *Nature Communications*, 6(1), 2015, pp. 1-13.

1. C. Meyer, V. Muto, M. Jaspar, « Seasonality in human cognitive brain responses », *Proceedings of the National Academy of Sciences*, 113(11), 2016, pp. 3066-3071.

maximum vers l'équinoxe d'automne (mi-septembre) et un minimum vers l'équinoxe de printemps (mi-mars). Bref, sans que nous en ayons forcément conscience, le sablier annuel agit sur nos facultés intellectuelles.

Gagner un nouveau corps tous les dix ans

Le renouvellement des cellules impose un autre cycle à notre corps. À la manière d'un arbre dont les feuilles tombent et repoussent, toutes nos cellules finissent par mourir et sont régulièrement remplacées, de notre naissance à notre mort. Comme le légendaire bateau de Thésée pieusement conservé par les Athéniens, « en ôtant les vieilles pièces, à mesure qu'elles tombaient en ruine, pour les remplacer par des neuves, qu'ils joignaient solidement aux anciennes » selon Plutarque, notre organisme est en quelque sorte constamment remis à neuf. On estime que, globalement, nous avons un nouveau corps environ tous les dix ans !

Les chiffres sont étonnants : notre corps totalise quelque 30 000 milliards de cellules correspondant environ à 200 types cellulaires différents (cellules de la peau, musculaires, cardiaques, neurones, etc.). Vingt milliards de ces cellules meurent chaque jour et seront échangées plus ou moins rapidement en fonction des organes. Ainsi, les cellules de l'intestin grêle (les entérocytes) se renouvellent très vite, tous les deux à cinq jours. Un peu plus résistante, une cellule cutanée, c'est-à-dire de la peau, possède une durée de vie de trois à quatre semaines. Un globule rouge vit environ cent vingt jours. Une cellule de foie ou de poumon, de quatre cents à cinq cents jours (une personne de 50 ans a changé de foie une quarantaine de fois).

En revanche, les neurones ne se renouvellent pas ou presque (même si certaines régions du cerveau continuent, plutôt marginalement, à en fabriquer tout au long de la vie comme l'hippocampe – 1 400 nouveaux neurones par jour). En général, nous perdons des neurones tous les jours, environ 9 000 (c'est une estimation, le nombre n'a jamais été mesuré avec précision). Si ce chiffre vous inquiète, rassurez-vous : c'est infime au regard de nos quelque 100 milliards de neurones au total ! Globalement, les neurones se maintiennent en vie très longtemps : ils ont notre âge et vieillissent avec nous. Mais vous l'avez compris : pris dans son ensemble, notre organisme est plus jeune que nous. Troublant, non ?

Soigner son horloge interne

Depuis une quinzaine d'années à peine, la science commence à véritablement saisir l'importance des rythmes biologiques sur notre santé. La prise en compte de ces tempos, notamment les cycles circadiens calés sur l'alternance jour-nuit, a conduit à l'explosion d'un nouveau domaine de recherche : la « chronobiologie ». Quels conseils cette discipline incite-t-elle chacun à suivre ? D'abord, à respecter les rythmes naturels de votre horloge interne. Ainsi, prenez le temps de « souffler » de façon régulière, couchez-vous quand vous vous sentez fatigué et à heure fixe, apprenez à reconnaître en vous le niveau d'énergie disponible et à l'intégrer dans vos activités quotidiennes. Pour être en phase avec votre horloge interne, décélérez progressivement : pas d'activités sportives le soir, pas d'écrans ou autres excitants (café, nicotine, etc.), qui élèvent la vigilance et la température du corps. À l'inverse, écoutez les signes du sommeil induits par la montée en niveau de la mélatonine (bâillements, paupières lourdes, etc.). Ils doivent vous conduire au lit, pour y dormir dans l'obscurité.

À l'inverse, on sait aujourd'hui qu'une perturbation des rythmes circadiens est souvent associée à la survenue de maladies chroniques ou à leur aggravation. Entre autres, le dérèglement des cycles veille-sommeil conduit à un risque accru de maladies psychiatriques. C'est ce qu'a prouvé, par exemple, une étude réalisée sur environ 8 000 adultes, suivis durant plus de vingt-cinq ans [1]. Les chercheurs se sont intéressés à la relation entre la durée du sommeil et la démence, notamment sa forme la plus connue, la maladie d'Alzheimer. Dans la classe d'âge 50-70 ans, les analyses ont rapporté un risque de démence plus élevé, de 20 % à 40 %, chez les petits dormeurs dont

1. S. Sabia, A. Fayosse, J. Dumurgier, *et al.*, « Association of sleep duration in middle and old age with incidence of dementia », *Nature Communications*, 12, 2021, p. 2289.

la durée de sommeil est inférieure à six heures par nuit, par comparaison avec ceux qui effectuent des nuits « normales » (de plus de sept heures).

Plus intrigant encore, une fois touchés par la maladie, les patients continuent de subir des altérations importantes du rythme circadien de l'alternance veille-sommeil. Les patients présentent souvent un état d'hyperactivité et de déambulation la nuit, et un état de somnolence et de ralentissement le jour. Ces troubles s'aggravent même avec l'évolution de la maladie. Bien sûr, ce lien entre la durée du sommeil et la démence (ou son risque) ne permet pas d'établir une relation directe de cause à effet, et de nombreux autres facteurs sont probablement aussi impliqués (comme les niveaux de cholestérol, de tension artérielle et des problèmes cardiovasculaires). Néanmoins, un fait est certain : respecter les cycles biologiques est important pour la santé du cerveau.

Comment restaurer vos rythmes circadiens s'ils sont perturbés ? On l'a déjà vu au chapitre 5, quand l'horloge interne est déréglée, différents moyens existent pour la synchroniser à nouveau. Par exemple, la lumière naturelle aide le corps à retrouver un rythme circadien plus sain. Pour les seniors qui ne peuvent pas sortir au moins une heure par jour, la luminothérapie, à l'aide d'une lampe spéciale prévue à cet effet, est susceptible d'améliorer le sommeil. Il est également recommandé de maintenir un environnement sombre et calme, la nuit. L'avantage majeur de cette approche chronobiologique, fondée sur des phases plus marquées d'exposition lumineuse et d'obscurité ? Elle ne présente presque aucun risque d'effets secondaires, contrairement au traitement pharmacologique des troubles du sommeil et du comportement.

Thérapie horaire

Respecter certains cycles circadiens peut en outre s'avérer utile pour la prise de médicaments. En effet, les effets d'un traitement varient en fonction de l'heure de son administration et dépendent des rythmes biologiques du patient. Ainsi, on sait que les corticoïdes sont plus efficaces et mieux tolérés le matin, probablement à cause du rythme naturel du cortisol, dont le pic de sécrétion se situe entre 7 heures et 9 heures. Également, un médicament antidépresseur, la clomipramine, agit mieux lorsqu'il est administré à midi, sans doute parce que c'est le moment où la libération de sérotonine est à son maximum. Par ailleurs, plusieurs études ont pointé le rôle clé de l'horaire de prise des médicaments dans les traitements anticancéreux [1]. En particulier, les travaux du Dr Francis Lévi, directeur de l'unité rythmes biologiques et cancers de l'INSERM, ont permis d'établir qu'une chimiothérapie courante dans les cancers digestifs (le fluorouracile) est jusqu'à cinq fois moins

1. F. Lévi, *et al.,* « Randomised multicentre trial of chronotherapy with oxaliplatin, fluorouracil, and folinic acid in metastatic colorectal cancer », *The Lancet* ; 350, 199, pp. 681-686.

toxique quand elle est perfusée à 4 heures du matin, plutôt qu'à 16 heures.

Fortes de cette idée, de nombreuses recherches essaient de s'appuyer sur les cycles biologiques pour augmenter l'efficacité des traitements ou réduire leur toxicité [1]. C'est le principe de la chronothérapie. L'enjeu pour les prochaines années ? Personnaliser davantage encore la programmation des doses de médicaments, car les rythmes biologiques varient légèrement d'un individu à l'autre. Il est de taille : grâce à la chronothérapie, la médecine profite pleinement de la force des rythmes naturels qui affectent l'organisme, de la cellule au corps tout entier.

1. R. Dallmann, A. Okyar, F. Lévi, « Dosing-time makes the poison : circadian regulation and pharmacotherapy », *Trends in Molecular Medicine*, 22(5), 2016, pp. 430-445.

9

Croiser le regard d'un animal

Pour tous ceux qui l'ont vécue, la rencontre avec un animal sauvage fait souvent partie des quelques moments inoubliables de l'existence. Imaginez-vous seul, sur un chemin forestier. Soudain, vous remarquez qu'un cerf, par exemple, vous fixe depuis un buisson. Surpris de cette présence inattendue, vous croisez le regard de la bête, avant qu'elle ne détale. C'est un moment d'une extrême intensité, où se mêlent la peur et une émotion liée à une relation profonde avec le vivant, inhabituelle et stimulante. Dans l'un de ses ouvrages, le primatologue néerlandais Frans de Waal, spécialiste des chimpanzés, évoque ainsi son premier contact avec un singe [1] :

> C'est à ce moment que nos vies ont changé, à ce moment que nous avons voulu en savoir plus sur ces créatures avec lesquelles nous avons instantanément ressenti une parenté.

1. F. de Waal, *Les Grands Singes. L'humanité au fond des yeux*, Odile Jacob, 2005.

« Tout ce qui fait l'homme »

Il m'est arrivé plusieurs fois de me retrouver nez à nez avec des singes, et c'est vrai, comme en témoigne l'aveu ci-dessus, que le regard d'un primate ne laisse jamais indifférent. Pour Frans de Waal, vivre cette expérience a été déterminant dans sa vie scientifique, mais aussi personnelle.

Nous, humains, sommes des êtres d'exception, n'est-ce pas ? Depuis le XVIIe siècle, l'idée est admise : notre intériorité nous distingue radicalement des animaux. Certes, sur le plan biologique, nous n'avons rien d'exceptionnel par rapport aux autres animaux ; en revanche, en ce qui concerne notre esprit, notre subjectivité, nos « qualités mentales », nous sommes persuadés qu'il y a une rupture radicale avec les non-humains. C'est ce que pensait déjà Descartes, convaincu que, comme des automates, les animaux étaient des assemblages de pièces et rouages, dénués de conscience et de pensée. Une position que le naturaliste français Georges Buffon résumait, en 1770, à la perfection par ces mots : le singe « n'est, dans la vérité, qu'un pur animal, portant à l'extérieur un masque de figure humaine, mais dénué à l'intérieur de la pensée et de tout ce qui fait l'homme ».

Si proche et si lointain

Il suffit de croiser le regard d'un animal pour comprendre l'erreur de Buffon : on saisit alors immédiatement

Le regard d'un primate nous subjugue, car il illustre à sa façon que singes et humains ont quelque chose en commun.

qu'*Homo sapiens* n'a en rien le monopole de la présence, de la subjectivité, de l'esprit et de cette part de mystère qui échappe aux mots. Songez à votre animal de compagnie. Que savez-vous de cette créature qui vous côtoie jour et nuit ? Tout, apparemment. Vous savez décrire son apparence, ses particularités anatomiques, son caractère même : il est d'un naturel méfiant ou bien docile, mais parfois téméraire ou encore agressif. Vous connaissez même ses préférences alimentaires.

Cependant, quelle que soit la clairvoyance de votre observation, il existe une chose que vous ignorerez toujours sur votre « meilleur ami » : son ressenti intérieur. Souvenez-vous des qualia des couleurs du chapitre 6 et de notre incapacité à nous représenter l'expérience des couleurs vécue par autrui. Imaginer se glisser dans la peau d'un animal conduit à la même impasse : quoi que nous fassions, son altérité nous échappera toujours.

Dans son célèbre article paru en 1974 dans la revue *The Philosophical Review*, « What is it like to be a bat ? » (Quel effet cela fait d'être une chauve-souris ?), le philosophe Thomas Nagel affirmait l'impossibilité d'approcher le monde subjectif d'un animal. L'idée de Nagel était que, comme les humains sont incapables d'écholocation, ils ne pourront jamais comprendre subjectivement « l'effet que cela fait » de s'orienter comme une chauve-souris. Chaque animal a son « monde propre » [1], vraisemblablement aussi riche que le nôtre en significations, et il se comporte en fonction de ce monde-là. Mais ces mondes animaux sont radicalement différents et procèdent de leur propre logique.

Malgré cet avertissement, il ne fait pas de doute qu'un animal éprouve des émotions et poursuit des intentions dans son comportement. Prenez les chimpanzés que la primatologue Jane Goodall a magnifiquement chantés : ils développent des outils et les exploitent pour se procurer de la nourriture. Ils éprouvent également des sentiments envers certains de leurs congénères et les manifestent ouvertement lorsque l'occasion se présente. Ils vivent aussi un deuil lorsqu'un des leurs trépasse. Plus nous avançons dans la compréhension de ces êtres si fascinants, plus nous les trouvons proches de nous.

---

1. Selon l'expression de Jakob von Uexküll.

À cet égard, rappelons qu'aucune différence fondamentale ne distingue un cerveau humain de celui des singes et, plus généralement, des mammifères : même anatomie, mêmes types de cellules et mêmes mécanismes dans le système nerveux. N'oubliez pas non plus que l'« histoire de notre esprit » est relativement récente, à l'échelle de la vie sur Terre. Notre espèce est apparue il y a à peine 300 000 ans, pense-t-on. Faire de notre esprit une subjectivité radicalement différente de celle de nos cousins mammifères, et des primates en particulier, semble très délicat d'un point de vue évolutif.

Miroir, mon beau miroir

En particulier, nous partageons avec tous les primates un type particulier de neurones : les neurones miroirs. L'identification de ces neurones a été faite chez les singes par l'équipe de Giacomo Rizzolatti, professeur à l'université de Parme, dans les années 1990. D'après moi, cette découverte est l'une des plus importantes percées scientifiques des dernières décennies en neurosciences. Les chercheurs avaient remarqué dans le cerveau d'un primate la présence de cellules spécifiques, qui présentent une activité aussi bien lorsque l'animal exécute une action que lorsqu'il observe un congénère exécuter la même action, d'où le terme de « neurones miroirs »[1]. Ceux-ci ont été

1. G. Rizzolatti, L. Fadiga, V. Gallese, L. Fogassi, « Premotor cortex and the recognition of motor actions », *Cognitive Brain Research*, 3, 1996, p. 131-141.

ensuite mis en évidence chez l'homme, dans une localisation anatomiquement comparable à celle du singe (voir ci-dessous).

Autrement dit, les neurones miroirs plongent leurs racines au plus profond de notre histoire évolutive. Lorsque nous nous trouvons face à un autre être humain, nos neurones cherchent tout de suite à se « connecter » à ceux de l'autre – une mise en résonance de deux systèmes nerveux, en quelque sorte. Il s'agit d'une communication instantanée, qui nous permet d'avoir une première impression de l'autre en un éclair, grâce à la collecte de centaines d'indices perceptibles par nos cinq sens. Il en va de même chez les animaux.

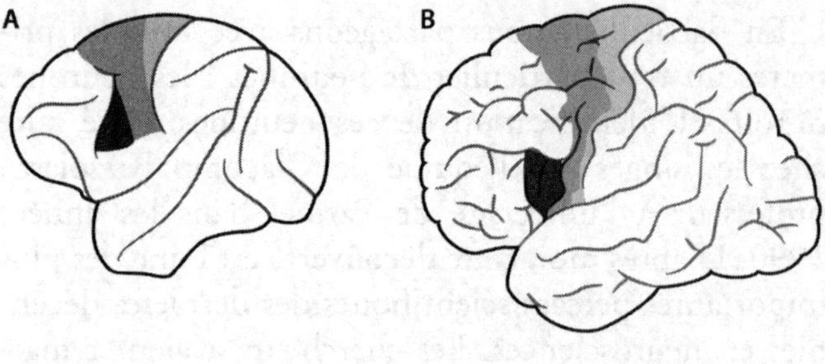

Vue latérale de l'hémisphère gauche du macaque (A) et de l'homme (B). En gris très clair, le cortex moteur. En gris, le cortex prémoteur. En gris foncé, le système miroir (contenant les aires F5 et BA44) chez le singe et l'homme respectivement.

Les neurones miroirs sont au fondement de l'empathie que l'on éprouve pour d'autres individus de la même espèce. Cette capacité à nous mettre « dans la peau d'un autre » est une caractéristique très ancienne qui a été façonnée au cours de notre histoire évolutive de primate. Lorsque nous voyons quelqu'un souffrir, nous sommes nous-mêmes affectés, nous éprouvons généralement un ressenti désagréable. Éprouver les malaises observés chez un autre donne envie de le soulager. Dans cette optique, l'empathie humaine s'inscrit tout naturellement dans le cadre de l'évolution biologique. C'est une réaction instinctive et automatique.

Une question se pose dès lors : ce système miroir est-il aussi recruté lorsque l'agent de l'action n'appartient pas à notre espèce ? En fait, Giacomo Rizzolatti et son équipe l'avaient déjà constaté au moment même de la découverte des neurones miroirs [1]. Les chercheurs les ont découverts chez les singes par hasard… au moment où les scientifiques ont mangé une pizza dans le laboratoire en présence des animaux. Dans un coin, le singe a regardé les humains manger, et, chaque fois que l'un d'eux tendait la main vers un morceau de pizza, les neurones du singe déchargeaient : tout se passait comme si le singe prenait « cérébralement » une part de pizza !

Pour savoir si les rôles entre singes et humains pouvaient être échangés dans l'observation, des chercheurs ont proposé l'expérience très intéressante suivante [2].

---

1. G. Rizzolatti, C. Sinigaglia, M. Raiola, *Les Neurones miroirs*, Odile Jacob, 2008.

2. G. Buccino, F. Lui, N. Canessa, *et al.*, « Neural circuits involved in the recognition of actions performed by nonconspecifics : an fMRI study », *Journal of Cognitive Neuroscience*, 16(1), 2004, pp. 114-126.

Des participants humains ont été confrontés à l'observation d'actions alimentaires ou langagières, effectuées par des « agents » de trois espèces différentes : un autre homme, un chien, un singe. Grâce à l'imagerie fonctionnelle, les scientifiques ont ensuite constaté que le fait de voir un animal s'alimenter recrute les mêmes zones corticales chez l'être humain. En revanche, l'observation des actions communicatives induit quant à elles des activations différentes selon l'espèce : tandis que le système miroir est fortement recruté lorsque les sujets observent un autre homme qui articule des mots, il l'est plus faiblement face à un singe qui claque des lèvres, et il n'est pratiquement pas sollicité lorsqu'un chien aboie.

Même si l'observation d'un chien qui aboie n'active pas nos neurones miroirs, la possibilité de résonance entre deux systèmes nerveux différents est donc documentée pour d'autres actions comme l'alimentation. Elle constitue en définitive la base neuronale d'un lien fondamental entre l'homme et l'animal. Dans les cerveaux, une même corde vibre et génère un sentiment de parenté, d'interconnexion avec les grands singes, les mammifères, les animaux en général… Observer des bêtes, les rencontrer, s'imprégner de leur présence, c'est accepter de les voir autrement et de comprendre notre cousinage.

L'animal médicament ?

Les bénéfices psychologiques de la présence d'un animal sont indéniables. Le simple fait de le caresser nous procure un sentiment de bien-être et augmente le taux de sécrétion d'une hormone antistress, l'endorphine, en abaissant parallèlement le taux de cortisol, l'hormone du stress. Ces effets bénéfiques sur la santé humaine ou le bien-être en général ont conduit, depuis longtemps, à introduire des animaux de compagnie dans les centres de soin. Les premières interventions que l'on peut qualifier de thérapeutiques avec les animaux remontent au début des années 1900, aux États-Unis, où des chiens ont été placés dans un service médical de pilotes de l'aviation américaine, dans le but d'accélérer leur convalescence et d'améliorer leur moral [1]. Aujourd'hui, les bienfaits de la présence animale ont été documentés auprès de personnes souffrant de la maladie d'Alzheimer, qui vivent en institution ou en Ephad [2]. En outre, les effets positifs de l'accompagnement de chiens ont été rapportés chez les autistes comme chez les personnes sous le coup de troubles relevant de stress post-traumatique.

Mais pourquoi la présence animale améliore-t-elle notre santé mentale ? Une explication plausible a été

1. M. Maurer, F. Delfour, J.-L. Adrien, « Analyse de dix recherches sur la thérapie assistée par l'animal : quelle méthodologie pour quels effets ? », *Journal de Réadaptation Médicale : Pratique et Formation en Médecine Physique et de Réadaptation*, 28(4), 2008.

2. M. Churchill, J. Safaoui, B. W. McCabe, M. M. Baun, « Using a therapy dog to alleviate the agitation and desocialization of people with Alzheimer's disease », *Journal of Psychosocial Nursing and Mental Health Services*, 37(4), 1999, pp. 16-22.

avancée par le grand biologiste Edward O. Wilson récemment disparu. Elle se base encore une fois sur la biophilie, c'est-à-dire notre affinité innée pour la nature. Selon cette théorie, les animaux sont depuis longtemps utilisés comme de véritables sentinelles des dangers dans l'environnement. Sur le plan évolutif, l'observation et l'attention portée aux comportements de ces animaux de compagnie auraient augmenté les chances de survie des propriétaires. Nous aurions gardé en nous une trace de ce passé, partagé avec ces êtres qui sont depuis devenus nos compagnons et qui nous procurent instantanément, aujourd'hui encore, un sentiment de sécurité.

D'une manière plus étonnante, le fait de croiser le regard de ces animaux entraîne des réactions hormonales spécifiques chez les humains. Sans doute avez-vous entendu parler de l'ocytocine. Il s'agit d'une hormone, sécrétée par l'hypothalamus dans le cerveau quand nous éprouvons de l'empathie pour quelqu'un. Elle est essentiellement associée à la confiance et au sentiment de sécurité que l'on éprouve en présence d'autrui. Très présente dans le cerveau après un accouchement, elle est par exemple connue pour favoriser les comportements maternels et contribue à créer le lien privilégié entre la mère et l'enfant. Elle interagit également sur notre comportement avec les autres dans bien des domaines, dont celui de l'écoute et de l'affection.

Publiée dans la revue *Science*, une étude japonaise a révélé que, lorsque les humains et les chiens se regardent dans les yeux, l'ocytocine augmente également dans leurs cerveaux respectifs, ce qui renforce leurs liens[1]. D'après les scientifiques nippons, ce mécanisme a probablement facilité la domestication du meilleur ami de l'homme, qui remonte à environ 30 000 ans. Durant ces dizaines de milliers d'années, la capacité des chiens à se représenter les intentions humaines s'est donc façonnée sur « le renforcement des liens par le regard », c'est-à-dire le même mécanisme connu pour consolider les liens entre la mère et son enfant lorsqu'ils se regardent. Une hormone relie donc l'homme et l'animal.

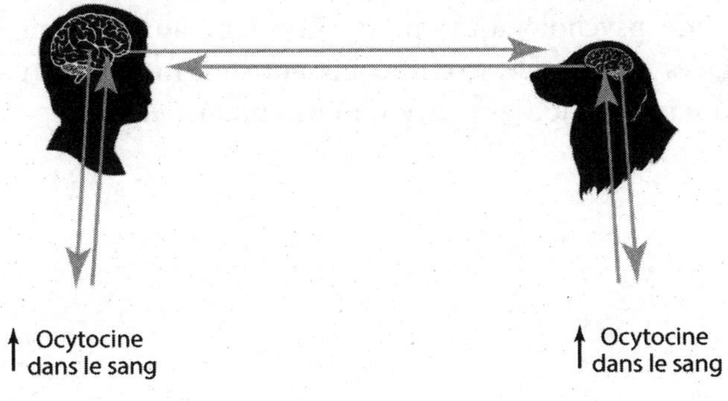

Lorsque les regards du maître et du chien se croisent, le taux d'ocytocine sanguine augmente dans chacun de leurs deux cerveaux et renforce leurs liens mutuels.

1. M. Nagasawa, S. Mitsui, S. En, *et al.*, « Social evolution. Oxytocin-gaze positive loop and the coevolution of human-dog bonds », *Science*, 348(6232), pp. 2015333-2015336.

Les résultats de cette étude permettent d'expliquer comment ces animaux de compagnie sont devenus une partie de notre propre histoire et pourquoi ils sont bénéfiques pour notre santé. Bien que très éloigné d'un point de vue phylogénétique (les humains sont plus proches génétiquement des souris que des chiens), notre meilleur ami a été façonné par et pour les humains. Cependant, n'oublions pas que sa présence n'a pas été sans conséquence sur notre propre évolution. Elle nous a facilité l'accès aux ressources alimentaires en nous aidant pour la chasse ou en nous protégeant des prédateurs. Aujourd'hui, les rapports entre les hommes et ces animaux sont toujours extrêmement étroits. Ils se manifestent notamment par l'aide psychologique qu'ils apportent aux personnes âgées ou aveugles comme aux autistes, mais aussi par la construction affective de nos enfants.

10

Laisser les enfants se salir

Il existe une catégorie de personnes qui tireraient un avantage incommensurable à fréquenter davantage la nature : les enfants. Aujourd'hui, ce contact est rare pour eux : il a été estimé qu'ils passent en moyenne six fois plus d'heures devant les écrans qu'à l'extérieur [1]. Une raison à ce phénomène dramatique est la densification des villes, qui a fait disparaître les petits espaces verts dans les quartiers. Et, même lorsqu'ils sont disponibles, les quelques espaces verts sont conçus pour prévenir toute bosse ou égratignure… Si ces éléments répondent très bien aux contraintes de sécurité, ils offrent une expérience des plus aseptisées. Car que fait un enfant conduit dans une forêt ? Spontanément, il explore, il expérimente, il découvre. Il court dans les feuilles, plonge les mains dans le sable et gratte la terre, saute dans une flaque d'eau, joue avec un bâton ou monte dans les arbres ! Tous ses sens entrent au service de l'aventure. Ce sont des moments riches pour lui.

1. Fondation David Suzuki.

Admettons-le : nous sommes les premiers fautifs. Les adultes ont pris l'habitude de suggérer une sortie à l'extérieur comme une simple manière de se dépenser physiquement, pour répondre à un trop-plein d'excitation : « Puisque tu es énervé, va donc jouer dehors ! » La nature ne serait-elle qu'un exutoire ? Bien sûr, vous l'avez déjà compris à travers les chapitres précédents, nous avons tout intérêt à emmener les enfants dans la nature : ce précieux contact aide à développer leur attention, leur créativité, à réduire leur stress et leur anxiété. Ces bénéfices sont d'autant plus criants que leur cerveau est justement en train de se développer.

Mais ce n'est pas là que je voulais en venir. Quand, plus haut, j'énonçais que les parcs et jardins urbains offraient une version appauvrie de la nature, ce n'était pas qu'une métaphore : il y manque réellement nombre de ces micro-organismes que l'on trouve à la campagne et qui, une fois transmis à l'homme, ont des conséquences importantes sur notre santé. Un lien bienfaisant se noue entre l'enfant et les éléments naturels, les bactéries en l'occurrence. Il semble même que, plus on a fréquenté la nature dans l'enfance, plus les bénéfices sur la santé physique et mentale sont importants au cours de la vie. Mais quelle zone de notre corps cette influence touche-t-elle en premier ?

Comme des papillons dans le ventre

Le ventre a ses humeurs, c'est connu. Avoir « l'estomac noué », « avoir du mal à digérer une nouvelle »,

« cela prend aux tripes », toutes ces expressions de la vie courante traduisent un lien profond entre les émotions et le ventre. La raison exacte a longtemps échappé aux scientifiques. Pourquoi s'intéresser à cette partie du corps ? Le ventre et l'intestin ne sont-ils pas qu'une simple tuyauterie un peu rebutante, bruyante de temps en temps, tout juste bonne à digérer ?

Le ventre est un lieu sombre par excellence, la partie souillée de notre corps qui renvoie inéluctablement à nos besoins naturels, à la reproduction, en d'autres termes à notre animalité. Tout le contraire du cerveau, qui nous coiffe à la façon d'une couronne et qui, en nous conférant notre intelligence, est capable du plus sublime. Or ce dualisme a été remis en cause. Il y a tout juste quelques années, le ventre a gagné ses lettres de noblesse et est devenu un domaine de la recherche la plus pointue. Et plus les résultats tombent et plus les scientifiques commencent à mesurer la finesse et l'importance de son fonctionnement. On en a « dans le ventre » beaucoup plus qu'il n'y paraît !

Quel mystérieux trésor recèle donc la région de notre abdomen ? Des neurones, d'abord : notre ventre en contient 200 millions, qui veillent à notre digestion mais échangent aussi des informations avec notre cerveau. C'est le système nerveux dit « entérique » (relatif à l'intestin), qui se trouve enroulé tout au long du tube digestif. Très long, il part de l'œsophage et descend jusqu'au niveau de l'anus. Il tapisse toute la surface de notre système digestif qui, avec une extension moyenne de 10 à 12 mètres, couvre environ une aire de 400 mètres carrés, un vaste loft ! Son origine est ancienne d'un point de vue évolutif : il est considéré comme la première forme de système nerveux apparue dans l'arbre de la vie, longtemps avant l'émergence du cerveau lui-même. On le retrouve déjà chez les hydres, ces minuscules tubes digestifs dans lesquels de l'eau et des nutriments circulent grâce aux battements des cils qui figurent à l'intérieur. D'un point de vue embryonnaire aussi, les cellules nerveuses du « cerveau du ventre » ont la même origine que celles du « cerveau principal ». Mais, à un moment du développement du fœtus, elles s'en séparent et migrent vers le ventre pour constituer le système nerveux entérique. Ainsi, les deux, cerveau et système entérique, partagent le même type de neurones.

Il y a plus stupéfiant encore : le système nerveux intestinal est capable de fonctionner de façon tout à fait indépendante des autres centres nerveux. Par exemple, il coordonne à lui seul les contractions complexes – ce qu'on appelle le péristaltisme – qui se propagent d'un bout à l'autre du tube digestif et qui autorisent le transit intestinal. Néanmoins, les deux cerveaux, celui du bas et celui du haut, sont capables d'interagir entre eux, et on commence à décrypter la conversation silencieuse qui se déroule à la verticale de notre corps, en quelque sorte. Un exemple ? Il suffit d'avoir passé un examen une fois dans sa vie pour savoir qu'une émotion (du stress, en l'occurrence) peut agir sur notre système digestif. On a découvert que l'inverse est vrai : notre « cerveau intestinal » a aussi une influence sur nos émotions et notre esprit.

Comment s'effectue cette communication ventre-cerveau ? Les informations en provenance du ventre et des viscères sont transmises principalement par un nerf central : le nerf vague (voir p. 199). Ce nerf est aussi appelé le nerf errant, car il est le plus long de tous les nerfs et s'étend sur une grande partie du corps humain : il part de la tête en passant par la nuque, fait un séjour dans nos poumons, chemine jusqu'au cœur pour descendre jusqu'à l'abdomen et y innerver les organes du système digestif (d'où aussi son nom de nerf pneumogastrique). Par cette voie de communication, l'intestin signale au cerveau qu'il est temps de manger ou qu'il est rassasié.

C'est aussi cet ensemble de fibres nerveuses qui offre au cerveau une sensation de plaisir quand nous consommons un plat appétissant. Les informations sont envoyées au niveau du tronc cérébral et ensuite à l'hypothalamus, où est produit le cocktail d'hormones qui engendrent une sensation de bien-être et de satiété. À l'inverse, lorsque nous ressentons du stress, le système entérique devient très irritable. Il entraîne ces phénomènes désagréables que l'on ressent tous de temps en temps : le classique nœud dans l'estomac ou les papillons dans le ventre lorsque l'on est anxieux, par exemple. En cas de stress prolongé, le nerf vague est ainsi susceptible de causer des maladies chroniques de l'intestin ou des troubles fonctionnels digestifs.

Entre les deux cerveaux, une autre forme de communication s'effectue d'une manière plus indirecte, par le biais du sang (voir ci-contre). En effet, les chercheurs se sont aperçus que le système nerveux entérique (et les intestins en général) constitue une véritable usine chimique, qui déverse dans la circulation sanguine toutes sortes de neurotransmetteurs cruciaux pour le cerveau. En particulier, il produit 95 % de la sérotonine du corps. Localement, une fois libérée dans l'intestin, cette molécule agit sur la digestion en stimulant le péristaltisme. Mais elle agit aussi en tant que neurotransmetteur dans notre cerveau, où elle sert de messager entre les neurones. À cet égard, elle est souvent appelée l'« hormone du bien-être », car elle active le circuit de la récompense et procure une sensation d'apaisement. À l'inverse, l'humeur maussade, la dépression et l'anxiété sont associées à des taux de sérotonine plus faibles que la normale.

Vous avez certainement entendu parler du Prozac, considéré dans les années 1990 comme une sorte de

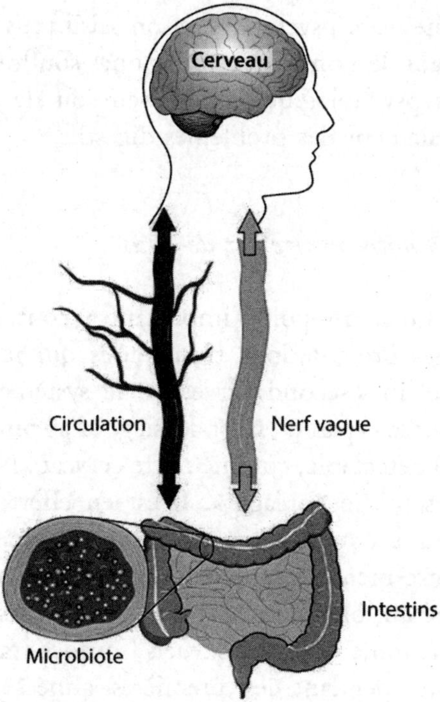

Les différentes formes de communication entre le cerveau, l'intestin et le microbiote.

« pilule du bonheur » et qui est prescrit dans le traitement de la dépression. Eh bien, il appartient à une classe de médicaments appelés « inhibiteurs sélectifs de la recapture de la sérotonine », qui augmentent la concentration de sérotonine dans le cerveau. Malgré tout, son efficacité est parfois insuffisante dans les dépressions sévères. Pour cette raison, les recherches sur l'« axe intestin-cerveau » se sont accélérées dans le domaine de la psychiatrie, et on saisit plus nettement pourquoi de nombreuses personnes souffrant de problèmes psychologiques, d'humeur ou de dépression ont également des problèmes digestifs.

Ce que notre ventre dit de nous

Précisons un point important : contrairement à certaines présentations trompeuses qui le désignent comme un « second cerveau », le système entérique ne « pense » pas et n'est le siège d'aucun processus mental détectable, comme notre cerveau. Néanmoins, il « ressent » et « réagit ». Il est en effet sensible au stress, aux émotions et peut influer instantanément sur notre bien-être. On sait aussi que ce système est modifié au long cours par des événements très stressants, comme des abus sexuels [1] ou des traumatismes survenus pendant les premières années de vie. Il constitue ainsi une forme de mémoire inscrite au plus profond de nous, « dans nos entrailles » littéralement.

De la sorte, il est possible de considérer l'ensemble du fonctionnement entérique comme une connaissance instinctive, composée des souvenirs de milliards de mini-réactions à notre environnement et d'autant de variations dans nos ressentis. Son activation

1. D. Drossman, J. Nicholas, J. Leserman, *et al.*, « Sexual and physical abuse and gastrointestinal illness : review and recommendations », *Annals of Internal Medicine*, 123(10), 1995, pp. 782-794.

entraîne des manifestations corporelles dont tout un chacun a déjà fait l'expérience. Vous connaissez probablement la boule au ventre lorsque l'on est stressé. Mais le cerveau entérique est aussi à l'origine de la conviction d'avoir pris une bonne décision. Ainsi, ce « cerveau du ventre » est l'un des principaux fournisseurs d'intuition spontanée sur le monde. Soyons donc attentifs aux signaux qu'il nous envoie !

Mais – et c'est là que les choses se compliquent – la compréhension du cerveau entérique nécessite aussi de prendre en compte un autre acteur : le microbiote. En effet, il est possible de se représenter notre système digestif comme une gigantesque peau internalisée, avec une surface de contact très étendue sur l'extérieur. Cette muqueuse digestive (aussi appelée épithélium) est très mince : elle se compose d'une seule couche de cellules ! Bien que fragile à première vue, une fine structure favorise la diffusion des molécules dans l'intestin vers le reste du corps, *via* le réseau de capillaires sanguins. La muqueuse intestinale est donc une véritable interface d'échange entre l'environnement et l'individu.

C'est ainsi que notre peau intérieure entre en contact avec un grand nombre de molécules étrangères, des champignons microscopiques, des virus, mais surtout avec environ 100 000 milliards de bactéries d'une bonne centaine d'espèces différentes [1]. L'ensemble de cet écosystème de micro-organismes est désigné sous le terme de « microbiote » intestinal. Il pèse au total

1. L'étude MétaHIT, lancée en 2008 et coordonnée par l'INRA.

près de 2 kg – donc autant que notre cerveau principal – et constitue un authentique zoo de bactéries, qui ont élu domicile dans notre intestin.

Le microbiote possède en tout point les caractéristiques d'un véritable organe caché au sein de notre ventre. Depuis le plus jeune âge, nous avons développé une réelle symbiose avec lui. Chacun a son propre microbiote. Ses constituants sont dépendants de notre histoire individuelle, et cela dès nos premiers instants. Par exemple, on sait que la composition du microbiote varie selon le mode d'accouchement [1]. Lors d'un accouchement par voie basse, par exemple, ce sont d'abord les bactéries de la flore maternelle (vaginale et fécale) qui viendront coloniser l'enfant (surtout les bactéries appelées *Lactobacillus* et *Prevotella*). Au contraire, si l'accouchement s'effectue par césarienne, les bactéries de la salle d'accouchement, de la peau de la mère, seront les premières colonisatrices du microbiote de l'enfant. Autre facteur : le lait maternel, puisqu'il se compose d'une flore bactérienne abondante et très riche (notamment composée de *Lactobacillus* et de *Bifidobacterium*), va durablement influencer le microbiote du nouveau-né. Celui-ci devient stable vers l'âge de 2 ans. Les bactéries qui le composent alors détermineront en grande partie celles qui y resteront pour toujours. Nous en garderons toute la vie l'empreinte.

Fonctionnant en autonomie et ayant ses propres moyens de communication avec le système nerveux

1. C. Cherbuy, « Le microbiote intestinal : une composante santé qui évolue avec l'âge », *INRA, innovations agronomiques*, 2013.

entérique, le microbiote compose en somme un véritable écosystème, indispensable à notre santé. Saviez-vous qu'il participe à la synthèse de diverses vitamines K et B ? Ainsi, nous avons une importante quantité de « bonnes bactéries » qui tapissent nos parois intestinales et qui constituent une barrière contre les pathogènes. Par exemple, on sait que certaines bactéries produisent des molécules antibiotiques (comme les bactériocines ou l'acide lactique) [1] et jouent donc un rôle central pour nous protéger des agents infectieux. Elles peuvent même prévenir plusieurs maladies chroniques telles que l'obésité, le diabète de type 2 ou la maladie de Crohn. Les personnes souffrant du syndrome du côlon irritable (aussi appelé colopathie fonctionnelle), une affection qui touche 5 % de la population, possèdent un taux de lactobacilles plus faibles que les quidams en bonne santé. Une alimentation riche en cette souche de bactérie peut les aider à soulager cette maladie [2].

Des pensées sous influence

Il paraît difficile de s'imaginer que la flore intestinale possède un impact sur les fonctions cérébrales. Pourtant, c'est bien le cas, comme l'ont démontré

1. P. Langella, C. Bouix, « Le microbiote intestinal, un organe à part entière », *Le Quotidien du pharmacien*, novembre 2016.

2. D. C. Jin, H. L. Cao, M. Q. Xu, *et al.*, « Regulation of the serotonin transporter in the pathogenesis of irritable bowel

plusieurs études chez l'animal et chez l'homme. On a notamment découvert que certaines bactéries synthétisent des neurotransmetteurs tels que la sérotonine (comme on l'a vu plus haut, produite à 95 % dans notre intestin) et la dopamine, qui influent toutes deux sur notre humeur ou sur notre comportement.

Mieux : des chercheurs de l'université Berkeley, aux États-Unis, ont établi qu'il existe des liens entre le microbiote intestinal et la mémoire [1]. Chez la souris, les scientifiques ont identifié plusieurs familles de bactéries intestinales ayant une action directe sur la mémoire des animaux, et en particulier une famille particulière, les lactobacilles (dont la bactérie *Lactobacillus reuteri*, qui compte parmi les premières souches à coloniser le tractus digestif du nouveau-né). Après élimination de ces souches de bactéries dans le microbiote intestinal des rongeurs, les chercheurs ont observé un dérèglement important de leur mémoire et, à l'inverse, chez les souris qui reçoivent de nouveau des lactobacilles, une récupération spectaculaire des souvenirs. Cet effet remarquable s'expliquerait par une migration de plusieurs molécules bénéfiques depuis l'intestin vers le cerveau (et plus spécifiquement vers une région cruciale de la mémoire, l'hippocampe), *via* la circulation sanguine.

---

syndrome », *World Journal of Gastroenterology*, 22(36), 2016, pp. 8137-8148.

1. J. H. Mao, Y. M. Kim, Y. X. Zhou, *et al.*, « Genetic and metabolic links between the murine microbiome and memory », *Microbiome*, 8(1), 2020, p. 73.

Plus spectaculaire encore, des chercheurs de l'université de Cork, en Irlande, viennent de découvrir que la transplantation de microbiote fécal de souris jeunes vers des souris âgées suffisait à faire reculer leurs troubles de la mémoire [1]. Le microbiote permet donc d'inverser la détérioration cognitive liée au vieillissement. Si ces résultats se confirment, ils pourraient avoir d'immenses répercussions sur la gériatrie et la prévention des symptômes du grand âge. Bien sûr, il reste encore à explorer cette piste sur l'être humain.

Dans un autre contexte, chez l'homme donc, on sait que le microbiote a une influence sur l'humeur. Dans des études publiées en 2019 dans la revue *Nature*, des chercheurs ont analysé le microbiote intestinal de plus de 1 000 personnes habitant la région de Flandre, en Belgique. Ils ont découvert que deux familles de bactéries (*Coprococcus* et *Dialister*) étaient considérablement moins présentes dans le microbiote des patients diagnostiqués comme dépressifs [2]. Il faut toutefois être prudent dans l'interprétation, car le déficit en ces deux bactéries ne signifie pas pour autant qu'elles causent la dépression : il pourrait simplement s'expliquer par un changement d'alimentation des personnes, par exemple. Néanmoins, chez

1. M. Boehme, *et al.*, « Microbiota from young mice counteracts selective age-associated behavioral deficits », *Nature Aging*, 1, 2021, pp. 666-676.

2. M. Valles-Colomer, G. Falony, Y. Darzi, *et al.*, « The neuroactive potential of the human gut microbiota in quality of life and depression », *Nature Microbiology*, 4, 2019, pp. 623-632.

les patients déprimés, d'autres travaux ont prouvé qu'une amélioration significative de l'humeur peut être observée après huit semaines de traitement par un probiotique [1] (des micro-organismes vivants qui, ingérés en quantité suffisante, exercent des effets positifs sur la santé). Autrement dit, les bactéries du microbiote sont tout à fait capables d'altérer la chimie du cerveau et d'influencer notre météo mentale.

Plus généralement, la possibilité d'intervenir sur le microbiote ouvre pour la recherche une piste thérapeutique nouvelle contre maintes maladies neurologiques. D'une manière complémentaire aux traitements médicamenteux, il est permis d'imaginer que, en jouant sur l'écosystème intestinal, on pourra rendre les patients plus résistants face à la maladie ou plus sensibles aux traitements administrés. Comment ? Par exemple en apportant au patient une bactérie qu'on sait favorisante, ou en reconstruisant partiellement son microbiote afin de modifier positivement l'écosystème digestif. Certes, les liens entre la composition fine du microbiome et les maladies neurologiques sont complexes, mais il s'agit d'une piste thérapeutique extrêmement prometteuse, qui fait déjà l'objet d'études cliniques.

La thèse des « vieux amis »

Revenons-en aux enfants : depuis longtemps, la tendance éducative a été de les éloigner des microbes. Avec le

1. A. Kazemi, A. A. Noorbala, K. Azam, *et al.,* « Effect of probiotic and prebiotic vs placebo on psychological outcomes

mode de vie moderne et le cortège de mesures d'hygiène, de stérilisation, l'utilisation de produits désinfectants ou d'antibiotiques, l'exposition des enfants aux bactéries a fortement diminué au cours des dernières décennies. Résultat : les micro-organismes potentiellement dangereux ont disparu de nos sociétés modernes, ce qui est une bonne chose. Parallèlement, ce mode de vie ultrapropre a réduit le contact précoce avec les bons micro-organismes. Car, si certaines bactéries sont dangereuses, des milliards d'autres qui peuplent notre corps sont bénéfiques et nous protègent des affections extérieures.

Non sans des conséquences néfastes : chez les tout-jeunes, le microbiote tarde à se diversifier et à se développer. Dans certaines situations, ces défauts dans la maturation du microbiote et du système immunitaire en général entraînent des pathologies chroniques. Des scientifiques ont ainsi relié l'appauvrissement du microbiote à des maladies que l'on pourrait qualifier de « post-modernes » : ce sont les maladies dites de civilisation, telles que des allergies ou des affections inflammatoires chroniques, mais peut-être aussi, comme on l'a vu plus haut, des troubles de l'humeur comme la dépression.

De nombreuses observations appuient cette thèse, dite des « vieux amis » [1], faisant référence aux micro-organismes relativement inoffensifs que l'on rencontre précocement au cours de notre petite enfance. Cette

---

in patients with major depressive disorder : A randomized clinical trial », *Clinical Nutrition*, 38(2), 2019, pp. 522-528.

1. G. A. Rook, *et al.*, « Old friends for breakfast », *Clinical and Experimental Allergy*, 35(7), 2005, pp. 841-842.

idée a été proposée, pour la première fois, par l'épidémiologiste anglais David Strachan, dans les années 1980. Sur la base des données de santé de 17 400 Britanniques, ce chercheur s'est rendu compte que les petits derniers de la famille (les cadets) souffraient moins de rhinites, d'allergies ou d'eczéma que leurs aînés. Comme les cadets sont davantage en contact avec les bactéries que leurs aînés, Strachan a conclu, de manière paradoxale, que plus il y a de microbes, moins certaines maladies risquent de survenir !

Cette thèse insolite a été confirmée, autour des années 1990, par d'autres études qui se sont penchées sur des enfants vivant dans des fermes : mis au contact de nombreux agents infectieux par les animaux environnants, les bambins des champs développaient moins de maladies allergiques comme le rhume des foins. D'autres travaux ont enfoncé le clou : si de jeunes enfants sont exposés aux micro-organismes à un stade précoce, de préférence dans des zones naturelles caractérisées par une biodiversité élevée, ils souffrent moins d'allergies, d'asthme et de maladies auto-immunes [1]. Bref, à trop vouloir fuir les microbes, notre système immunitaire n'est plus assez stimulé et s'affaiblit.

---

1. M. Braumbach, A. Egorov, P. Mudu, « Effects of urban green space on environmental health, equity and resilience », *in* N. Kabisch, H. Korn, J. Stadler, A. Bonn, *Nature-Based Solutions to Climate Change Adaptation in Urban Areas,* Springer, Cham, 2017, pp. 187-205.

Mais c'est aussi le cas pour le microbiote, comme le montrent pléthore d'études récentes [1]. Prenez celle-ci, qui a comparé les flores intestinales des populations urbaines et rurales au Nigeria : elle a révélé que les enfants de la campagne bénéficiaient d'une bien plus grande variété bactérienne que ceux des villes [2]. Le phénomène trouve son origine dans l'alimentation, qui repose pour les ruraux sur des produits naturels non transformés (tubercules, graines, plats à base de feuilles), mais qui résulte aussi du contact direct avec la nature. Les auteurs concluent que les populations rurales traditionnelles sont beaucoup moins sujettes aux maladies liées aux modes de vie industriels, incluant des problèmes digestifs et les allergies.

Prenez un bain de bactéries !

Comment remédier à ce problème ? Faut-il baisser notre seuil de vigilance sanitaire et tolérer l'« intrusion de bactéries » dans notre vie ? Bien sûr, en ces temps de Covid où des mesures sanitaires poussées demeurent requises, difficile de l'envisager : pas question de remettre l'hygiénisme en cause. Mais, sur la

---

1. F. Guarner, R. Bourdet-Sicard, P. Brandtzaeg, H. S. Gill, *et al.*, « Mechanisms of disease : the hygiene hypothesis revisited », *Nature Clinical Practice Gastroenterology & Hepatology*, 3(5), 2006, pp. 275-284.

2. F. A. Ayeni, E. Biagi, S. Rampelli, *et al.*, « Infant and adult gut microbiome and metabolome in rural bassa and urban settlers from Nigeria », *Cell Reports*, 23(10), 2018, pp. 3056-3067.

base des recherches actuelles, l'intestin, avec son capital microbien, est à l'évidence beaucoup plus qu'un simple organe digestif. Il apparaît même comme une source fondamentale de santé, qu'il importe d'entretenir. Et il existe de multiples manières de veiller au bon fonctionnement de son microbiote et de « faire du bien » aux bactéries qui sont en nous et qui entretiennent un dialogue avec le reste de notre corps.

En premier lieu, rappelez-vous que nous sommes ce que nous mangeons : la flore intestinale est le reflet de notre alimentation. La quantité de probiotiques, de produits laitiers, de fibres et d'antioxydants que nous ingérons quotidiennement est une manière de nourrir certaines des bactéries les plus bénéfiques du microbiote.

Mais il y a plus simple encore : on peut enrichir son microbiote au contact direct avec la nature. Et c'est dans ce domaine que les bénéfices offerts par l'exposition à des environnements naturels s'illustrent le plus clairement. En un sens, jardiner, bêcher le sol ou tout simplement sentir l'odeur de la terre humide rend heureux ! Cet effet est, entre autres, induit par des microbes bénéfiques que l'on absorbe à travers la peau ou en respirant. En effet, une bactérie (appelée *Mycobacterium vaccae*) est naturellement répandue dans le sol et, comme l'illustrent les recherches de Christopher Lowry [1], de l'université anglaise de Bristol, la compagnie de ces micro-organismes augmente

1. D. G. Smith, R. Martinelli, G. S. Besra, P. A. Illarionov, *et al.*, « Identification and characterization of a novel anti-inflammatory lipid isolated from Mycobacterium vaccae, a soil-

la production de sérotonine dans le cerveau, sérotonine qui, comme on l'a vu, est une hormone à fort effet antidépresseur. N'ayons donc pas peur de nous salir les mains !

C'est tout particulièrement important pour les enfants : laissons-les jouer dehors, toucher la terre, le sable ou grimper dans les arbres. Ce contact direct avec la nature les aidera à développer un microbiote équilibré toute leur vie. Qu'ils se salissent de temps en temps : c'est bon pour leur santé et leur cerveau !

---

derived bacterium with immunoregulatory and stress resilience properties », *Psychopharmacology* (Berlin), 236(5), 2019, pp. 1653-1670.

11

Écouter le silence des montagnes

Étrange recommandation que celle livrée par le poète Paul Valéry : « Écoute ce bruit que l'on entend lorsque rien ne se fait entendre… Plus rien. Ce rien est immense aux oreilles [1]. » Le silence pourrait-il posséder une texture, une étoffe, qui caresse notre sens de l'audition ? Personnellement, j'en suis intimement convaincu. Il existe de rares lieux où le silence impose son pouvoir subtil. Selon moi, ce « rien immense » du poète est par excellence celui qui règne dans les montagnes. Un silence profond, impérieux, naturel. En hiver, c'est un grand silence blanc, comme il existe un « grand bleu » en mer.

Je ne trouve rien d'angoissant à ce silence d'altitude, au contraire. Il faut dire que je suis d'origine autrichienne et que j'ai souvent eu l'occasion de l'apprécier dès mon enfance, au cours de longs séjours familiaux dans les Alpes. Il me fortifie et me réconforte. Un silence est l'absence de bruit, de nuisance

---

1. P. Valéry, *Tel Quel*, Gallimard, « Bibliothèque de la Pléiade », 1960.

sonore, mais c'est aussi l'absence de mots, c'est-à-dire – à l'opposé d'autres espaces naturels comme la forêt, où l'on raconte beaucoup d'histoires – l'impossibilité de nommer, de décrire ou de raconter ces paysages. En un sens, il suffit de se taire pour le comprendre.

Écouter le chant de la montagne

Comment expliquer la fascination qu'exerce le silence ? Ses ressorts ne sont pas purement psychologiques, pour la simple raison que le silence est rarement total. Scientifiquement, le vrai silence correspond à zéro décibel, ce qui ne peut se trouver qu'en laboratoire, dans les chambres sourdes dites « anéchoïques », dont les parois absorbent les ondes sonores. Même dans la nature la plus reculée, le degré zéro du son n'existe pas. Tout milieu résonne d'une manière particulière.

Peut-être avez-vous déjà entendu le beau « chant des dunes », dont les secrets ont été percés au début des années 2000 par le physicien Stéphane Douady [1]. Marco Polo et Charles Darwin en avaient témoigné en leur temps : il s'agit des vibrations étranges que l'on entend parfois dans certains déserts et qui sont générés par la friction des grains de sable les uns contre les autres. Idem pour les hautes montagnes : elles ne sont pas tout à fait muettes. Leur bruit de

1. www.youtube.com/watch ?v=t6Zt4XCHj3U

Le mont Fuji, symbole du Japon, a été l'objet d'un attachement tout particulier des peintres japonais du XIXe siècle. Ici, une aquarelle de Katsushika Hokusai réalisée entre 1830 et 1850.

fond, leur géophonie pour reprendre le jargon scientifique (c'est-à-dire tous les sons d'origine non vivante), provient surtout du vent. Comprenez-moi bien : ce dernier ne fait pas de bruit en lui-même, ce qu'on entend n'est que le frôlement du vent sur les pentes rocheuses, qui engendre des échos presque inaudibles (son volume s'élève à environ 10 décibels).

Comme les déserts, les montagnes produisent donc un chant [1], un imperceptible souffle pratiquement

1. http://lucasmatichard.com/le-son-des-montagnes

indécelable, car situé pour l'essentiel dans un domaine de fréquence situé hors du spectre audible. Mais tendez un peu l'oreille, et ce murmure vous donnera l'impression que les montagnes sont vivantes. Ces sons sont aussi difficilement perceptibles en raison des bruits anthropophoniques, pour le coup, en particulier ceux des nombreux moteurs (avions, automobiles, chantiers et exploitations, etc.) qui polluent, de plus en plus, le silence des montagnes [1].

Quand avez-vous pesté pour la dernière fois contre le bruit ? Et quand avez-vous savouré le silence ambiant ? Peut-être étiez-vous allongé sur votre lit ou sur une chaise longue dans votre jardin ? Les neurosciences nous éclairent sur les bienfaits du silence. Elles nous expliquent que l'audition est un sens toujours actif. En effet, voilà bien l'une des caractéristiques clés de l'oreille : elle reste toujours à l'écoute du moindre son. C'est très différent de la vue, par laquelle nous allons au-devant du monde, puisque par l'ouïe, au contraire, c'est ce dernier qui vient à nous. Pensez à votre dernier voyage en train : impossible d'échapper aux conversations téléphoniques des passagers. L'oreille n'a, hélas, pas de paupière ! Sans doute, il y a de cela des millions d'années, l'ouïe tenait-elle le rôle de système d'alerte.

Au moindre bruit, le cerveau déclenche des réponses entraînant la production de différentes hormones de stress (comme le cortisol) auxquelles notre

1. D. Rouzier, B. Rivoal, « Silence ! Les raisons de la colère », 2002 (www.mountainwilderness.fr/images/documents/dossierSilence.pdf).

corps réagit, se préparant à l'arrivée d'un danger. Sur le long terme, que les bruits persistent et le cerveau déversera en continu ces hormones dans l'organisme, ce qui perturbera durablement notre physiologie (notamment, cela abaissera nos défenses immunitaires et favorisera les maladies cardiovasculaires, voir le chapitre 2). Vous vivez dans une grande agglomération ? Vous connaissez probablement cette sensation d'irritabilité où le moindre bruit vous fait sortir de vos gonds. Dans ce cas, votre cerveau, sans que vous en ayez vraiment conscience, lutte contre la surabondance de signaux produits dans l'appareil auditif en sécrétant certains neuromédiateurs « stimulants ». C'est ainsi que, vécue et subie quotidiennement, l'exposition aux bruits épuise le cerveau et détruit à petit feu l'organisme.

Certains en tombent même malades. Selon une analyse de nombreuses études internationales, les risques cardiovasculaires et d'infarctus du myocarde augmentent lorsque le niveau sonore autour des habitations dépasse les 60 décibels. Prenant l'exemple des Parisiens, l'OMS a conclu que 11 % d'entre eux vivent au-delà des normes réglementaires, et que les nuisances sonores leur font perdre plusieurs années d'espérance de vie [1]. En France, des millions de personnes sont exposées quotidiennement au vacarme routier, au bruit des chemins de fer ou des avions, nuit et jour. Au total, en Europe, selon l'Agence européenne de l'environnement, les nuisances sonores

1. Association Bruitparif, juin 2016.

sont à l'origine de plus de 10 000 décès prématurés par an. Il n'est pas exagéré de dire que le bruit urbain nous tue…

Une montagne de silence

Quel antidote aux effets néfastes du bruit ? Vous l'aurez deviné, c'est tout simplement le silence. Le cerveau en a besoin pour se régénérer, pour recharger ses batteries. Et rien de tel que se reconnecter à la nature paisible pour remettre son horloge interne à l'heure. C'est dans ce cadre qu'il nous faut reconsidérer nos liens avec la montagne. Ces espaces restent encore préservés du niveau sonore élevé des agglomérations. Ils proposent ce dont nos cerveaux fatigués ont besoin : un silence réparateur.

Ce n'est pas tout. Le silence extérieur est aussi la condition nécessaire d'un autre silence, intérieur celui-ci. La contemplation d'un grand espace ou d'une chaîne de montagnes offre des paysages à couper le souffle. Leurs beautés singulières sont des moments merveilleux de « lâcher prise » où l'on réduit le bruit de fond constant des pensées et l'on s'oublie soi-même. Comme je l'ai détaillé dans mon précédent livre [1], cette recherche du silence met en œuvre un mouvement d'ouverture vers quelque chose de profondément humain et vivant en nous. Les vers

1. M. Le Van Quyen, *Cerveau et silence*, Flammarion, 2019.

du poète breton Eugène Guillevic illustrent à merveille cette quête intérieure : « *Le silence / Est le seul bruit / Qui te ramène à toi / Et te dilate.* » Les montagnes offrent un cadre idéal pour explorer notre moi. Vous augmenterez ses bienfaits si vous randonnez. Ce n'est pas un hasard si David Le Breton, l'auteur de *Du silence*[1], a aussi rédigé un *Éloge de la marche*[2]. Marcher, se taire et écouter.

Une cure d'air

Et, en marchant, on respire ! Difficile en effet de parler de la montagne sans évoquer la qualité de l'air. En altitude, l'air a toujours eu le mérite d'être sain, contrairement à l'atmosphère des villes. Même si le taux d'ozone y est de plus en plus élevé, tous les autres polluants dits « primaires » – l'oxyde d'azote, l'oxyde de soufre et les particules fines – y figurent en quantités négligeables. « Aller respirer le bon air de la montagne ! » : l'adage, un brin désuet, demeure plus que jamais d'actualité.

En outre, l'air des montagnes est bon pour la production de globules rouges. En effet, la concentration en oxygène étant moindre avec l'altitude, leur concentration augmente dans le sang, de façon à assurer une oxygénation optimale de l'organisme : il en résulte une meilleure oxygénation des muscles, et ainsi une

1. D. Le Breton, *Du silence,* Métailié, 1997.
2. D. Le Breton, *Éloge de la marche*, Métailié, 2000.

meilleure performance musculaire. C'est ce que recherchent les grands sportifs quand ils vont s'entraîner en montagne. Que ce soit l'équipe de France de football, celle de rugby, les athlètes, bref les sportifs de haut niveau, tous connaissent les avantages des entraînements en altitude.

Il y a une autre raison pour laquelle le « bon air » de la montagne reste ancré dans l'imaginaire collectif. Elle remonte au XIXe siècle. À cette époque, des cures d'altitude étaient proposées pour soigner les maladies pulmonaires et surtout la plus mortelle d'entre elles, la tuberculose. Au début du siècle suivant, ce fléau faisait encore des ravages, et on évalue ses victimes à plus de 10 millions à l'échelle mondiale. Avant l'invention des antibiotiques, la médecine était totalement démunie. En l'absence de solutions thérapeutiques, l'environnement naturel et l'éloignement de la pollution des villes et des industries étaient supposés contribuer à un retour à la santé. Les malades souffrant de tuberculose affluèrent alors du monde entier pour se faire soigner en altitude. Ainsi, parallèlement à l'ouverture des sanatoriums de bord de mer (chapitre 3), les premiers établissements en montagne ont offert aux malades une cure d'air frais quotidienne. À une époque où la lutte contre la tuberculose devenait une véritable cause nationale, rien qu'en France, ce sont 250 sanatoriums qui ont été construits entre 1900 et 1950, avant que les antibiotiques ne suffisent à éradiquer le mal. La plupart des établissements ont ensuite fermé, et ces sanatoriums n'évoquent plus aujourd'hui qu'un passé médical lointain, où les notions de « grand air », de « cure climatique » et d'« hygiénisme » se mêlent confusément.

Toutefois, aujourd'hui, l'air des montagnes regagne en notoriété. Avec les records de concentration de particules fines dans les villes, seule la montée en altitude permet de s'extraire un peu de cette pollution dont nous ne connaissons pas encore tous les effets sur notre santé. N'oublions pas non plus que, selon une évaluation menée par Santé publique France en 2016, 48 000 personnes par an décèdent du fait de la pollution atmosphérique dans nos villes [1].

Silençothérapie

Mais revenons au silence. Ainsi, un bruit de fond, même modéré mais permanent, épuise notre cerveau, car il l'empêche de baisser sa garde. Il fallait s'y attendre : un des principaux problèmes psychologiques liés au bruit concerne… les perturbations du sommeil. Le bruit gêne l'endormissement, entraîne un mauvais sommeil (niveaux sonores entre 45 et 55 décibels) ou des éveils fréquents au cours de la nuit (niveaux sonores supérieurs à 55 décibels). Ces perturbations ont des répercussions importantes sur le cerveau.

1. « Impacts sanitaires de la pollution de l'air en France : nouvelles données et perspectives », 2016 (www.santepubliquefrance.fr/presse/2016/impacts-sanitaires-de-la-pollution-de-l-air-en-france-nouvelles-donnees-et-perspectives).

En outre, les perturbations du sommeil induisent une perte d'activité dans le cortex préfrontal, on l'a vu, fortement impliqué dans le planning et la prise de décision. Cette zone n'est plus suffisamment active pour se projeter dans l'avenir, engendrant une sensation d'être « au bout du rouleau » et incapable d'enclencher de nouveaux projets. De plus, le cortex préfrontal est moins capable d'interpréter les réactions émotionnelles créées dans les autres centres du cerveau (comme l'amygdale). Les individus ne sont plus capables de faire face à leurs émotions, de prendre des décisions en conséquence ou d'adapter leur comportement. Parallèlement, les chercheurs ont aussi noté une baisse d'activité dans les circuits cérébraux en lien avec l'empathie, la compassion et l'amour de soi (en particulier dans le gyrus cingulaire postérieur). Bref, des conséquences psychologiques dramatiques.

Au contraire, une cure de silence en montagne procure au cerveau un bain de jouvence. On sait que les cellules nerveuses sont particulièrement sensibles aux agressions et que la capacité du cerveau adulte à se régénérer est très modérée. Pourtant, quelques rares régions sont tout de même capables de continuer à créer de nouvelles cellules tout au long de la vie (c'est la neurogenèse adulte). Une région qui possède une telle capacité est l'hippocampe. Nous l'avons vu (chapitre 3), cette région est fortement impliquée dans l'apprentissage et la mémorisation. Vous vous en doutez : créer des neurones tout neufs dans l'hippocampe offre des avantages directs pour la mémoire.

Dans ce cadre, des scientifiques allemands se sont intéressés à l'influence du silence sur la neurogenèse dans l'hippocampe [1]. Publiée en 2013, l'étude consistait à plonger des souris dans un néant sonore deux heures par jour. Au terme de l'expérience, les scientifiques ont effectué des tests pour savoir si les cerveaux des rongeurs avaient subi une quelconque modification. Le résultat a été étonnant : par rapport au groupe témoin de souris, celles exposées au silence développaient significativement plus de nouvelles cellules dans leur hippocampe !

Bien que ces travaux portent sur des cerveaux de souris, un phénomène comparable est vraisemblablement aussi à l'œuvre chez l'homme, dont le cerveau est très proche de celui du petit rongeur, sur le plan physiologique bien sûr. Cette découverte pourrait alors avoir d'importantes applications thérapeutiques, car des maladies comme l'Alzheimer sont en relation avec la dégradation des cellules de l'hippocampe.

C'est probablement l'intuition qu'a eue le Suisse Wolfgang Fasser. Atteint d'une maladie génétique, il a perdu la vue à 22 ans. Il a fait de son handicap une force en développant ses facultés d'écoute des paysages sonores. Sur la base de promenades qu'il entreprend dans la montagne, dans les vallées magnifiques

---

1. I. Kirste, Z. Nicola, G. Kronenberg, T. L. Walker, R. C. Liu, G. Kempermann, (2015) « Is silence golden ? Effects of auditory stimuli and their absence on adult hippocampal neurogenesis », *Brain Structure and Function*, 220, 2015, pp. 1221-1228.

Aveugle depuis trente-cinq ans, Wolfgang Fasser recherche des sons de la nature. Adepte de la musicothérapie, il utilise parfois les paysages acoustiques de la montagne pour traiter des handicaps mentaux chez des patients.

du Casentino, en Toscane, où il vit, il exploite les sons et le silence pour soigner des enfants handicapés, atteints de lésions cérébrales notamment ou souffrant de troubles du comportement. Avec des résultats singuliers, comme en témoigne le documentaire qui lui est consacré [1].

Les recherches en sont encore à leurs débuts, mais il y a fort à parier que les bienfaits du silence sur le cerveau sont plus importants que tout ce que l'on avait imaginé jusqu'alors. Peut-être, dans le futur, sera-t-il même envisageable que le silence – et celui des montagnes en particulier – devienne un outil thérapeutique pour soigner certaines maladies psychiatriques ou neurologiques.

1. N. Bellucci, *Dans le jardin des sons,* 2009.

12

CONTEMPLER LES ÉTOILES

Remémorez-vous une belle soirée d'été. Après le dîner, vous sortez un moment dans la tiédeur de la nuit pour regarder les étoiles. Sur le moment, vous ne voyez pas grand-chose, car votre œil doit s'habituer à l'obscurité. En effet, la pupille se dilate et quadruple son diamètre pour laisser entrer davantage de lumière. Il lui faut aussi mettre en route des cellules réceptrices particulières, les bâtonnets, sensibles aux faibles luminosités. Quinze à trente minutes sont nécessaires pour que notre œil s'accoutume entièrement à l'obscurité (il passe alors de la vision normale, dite photopique, à la vision scotopique, ou nocturne).

Nous voyons très mal les couleurs la nuit, car il n'existe qu'un seul type de bâtonnet, alors que trois types de cônes assurent la vision trichromatique le jour (chapitre 6). D'où le fameux dicton : « La nuit, tous les chats sont gris. » Pourtant, même sans couleur, dans un ciel sans lune et dénué de pollution lumineuse, l'œil nu est capable de distinguer environ

2 000 petits points lumineux sur la voûte céleste. Au cours de l'Histoire, les hommes ont dû apprendre patiemment à les observer et à lentement comprendre quelle était la raison du spectaculaire ballet qui se déroulait là, juste au-dessus de leurs têtes.

Le cerveau qui fait bouger les étoiles

Une personne qui aimait regarder le ciel nocturne était le célèbre naturaliste et explorateur allemand Alexander von Humboldt. En 1799, il a rapporté dans ses écrits un phénomène qui l'intriguait lorsqu'il regardait les étoiles. Certaines avaient tendance à bouger de façon erratique, sous la forme d'une vibration (*Sternschwanken* en allemand). Humboldt ne savait pas exactement pourquoi. On a compris seulement beaucoup plus tard qu'il s'agissait d'une illusion d'optique : ce ne sont pas les étoiles qui bougent, mais le cerveau du spectateur en quelque sorte. Cette erreur de perception d'un mouvement est essentiellement due à des mouvements involontaires du globe oculaire [1].

De fait, le même effet de vibration s'obtient lorsqu'on projette une source lumineuse immobile sur un mur noir : elle semble bouger (faites l'expérience avec la figure ci-contre). C'est l'effet dit

1. M. Poletti, C. Listorti, M. Rucci, « Stability of the visual world during eye drift », *The Journal of Neuroscience*, 30(33), 2010, pp. 11143-11150.

Rapprochez-vous un peu de cette image et regardez le point blanc pendant trente secondes. Vous pourrez alors voir ce point en son centre bouger. La même illusion autocinétique est à l'œuvre lorsque l'on regarde les étoiles.

« autocinétique ». Comme nous l'avons déjà souligné à propos des couleurs (chapitre 6), le cerveau a souvent la particularité de confondre ses propres constructions intérieures et les messages issus du dehors, de la « réalité ». Ainsi, lorsque nous observons une étoile, en raison de lentes dérives de l'œil, l'image de l'astre se meut sur notre rétine, et le cortex visuel interprète cela non comme un mouvement oculaire, mais comme un déplacement de l'objet observé. Le cerveau étant incapable de définir correctement la position de ce dernier par rapport à une référence quelconque, il commet une erreur d'interprétation. L'effet est d'autant plus fort que le point lumineux brille faiblement. Plus spectaculaire encore, comme l'a montré en 1935 le psychologue

Muzafer Sherif[1], cet effet autocinétique se voit accru par le pouvoir de la suggestion : si une personne prétend qu'un point lumineux se déplace, les autres le verront d'autant plus se déplacer. Contrairement à ce qu'on pourrait imaginer, regarder les étoiles correctement, dans leur réalité objective, n'est pas si simple.

Un face-à-face vertigineux

L'observation des étoiles a toujours fait tourner la tête des hommes (dans tous les sens du terme), mais cet étourdissement est peut-être encore plus criant aujourd'hui, alors que nous avons une idée de l'immensité du cosmos. Longtemps, nous n'avions aucun moyen de connaître la distance séparant les étoiles de la Terre. On savait que celles-ci étaient très éloignées, mais nullement à quel point, et c'était plutôt déroutant pour une humanité qui pensait tout savoir sur la nature et se croyait le centre du monde. Savez-vous quand l'une de ces distances a été mesurée pour la première fois ? Dès 1838, par l'astronome allemand Friedrich Wilhelm Bessel. Ce directeur de l'observatoire de Königsberg a choisi d'étudier une étoile de la constellation du Cygne et, à l'aide de calculs sophistiqués, il estima la distance à 100 000 milliards de kilomètres, soit 10,4 années-lumière (ce qui est proche de la réalité, puisque des calculs récents l'estiment à 11,2).

1. M. Sherif, « A study of some social factors in perception : Chapter 2 », *Archives of Psychology*, 27(187), 1935, pp. 17-22.

Et l'Univers tout entier, connaissez-vous sa taille ? Pour localiser les objets les plus lointains, les astrophysiciens ont recours à la mesure du décalage vers le rouge de la lumière qu'ils émettent : plus l'astre est éloigné, plus son spectre arbore des raies (d'émission et d'absorption) décalées vers les grandes longueurs d'onde, c'est-à-dire vers le rouge. Par cette méthode, on sait que les sources les plus éloignées que nous puissions détecter sont à une distance d'environ 45,6 milliards d'années-lumière. C'est le fameux rayonnement fossile, qui est la lumière la plus vieille du monde que les cosmologistes ont pu détecter. Mais qui sait, peut-être (et même sans doute) existe-t-il des étoiles au-delà de cette distance, appelée horizon cosmologique ? S'il y en a, leur lumière n'a pas eu le temps d'atteindre la Terre, ce qui signifie que détecter leur présence reste totalement hors de notre portée. La science reste confrontée à un problème « de taille » lorsqu'elle se penche sur l'infiniment grand : elle est incapable de saisir l'espace comme une étendue mesurable et perceptible.

Parce que ces distances inimaginables ne peuvent être appréhendées correctement par nos sens et nos instruments de mesure, l'infiniment grand reste impénétrable à la connaissance. Pour certains, cette ignorance est à l'origine d'une sensation d'angoisse et de vertige : « Le silence éternel de ces espaces infinis m'effraie », confiait Pascal (Misère 17). Bien avant lui, d'autres penseurs avaient exprimé le sentiment d'inquiétude qu'ils éprouvaient à la contemplation de l'Univers macroscopique, notamment saint Augustin, qui confessait : « Tu lèves les yeux vers le ciel et tu es frappé d'effroi [...]. Tu considères l'ensemble de la terre et tu frissonnes » (Sur le Psaume 145, n° 12). L'Univers reste incompréhensible et conduit à une angoisse, une peur du vide, très semblable à l'étouffement que l'on ressent dans un espace restreint.

Le plus tragique est peut-être que non seulement l'homme n'est rien face au cosmos, mais que, en retour, le cosmos ignore même son existence, au sens où il est strictement indifférent à sa présence. Depuis ces quatre cents dernières années, l'être humain se voit, pour sa plus grande frayeur, comme un accident, un « sans-abri cosmologique » errant sur une petite planète banale, en banlieue d'une galaxie très ordinaire, perdu dans l'espace. Le prêtre jésuite et chercheur Pierre Teilhard de Chardin a décrit avec justesse ce désarroi : « La suprême improbabilité, la formidable invraisemblance de me trouver, existant, au sein d'un monde réussi, voilà qui me donne le vertige. » (*Le Milieu divin*, 1926).

Mais la conscience de notre contingence n'est qu'une partie de l'expérience que l'on retire de l'observation des étoiles. L'astrophysicien Jean-Pierre Luminet rappelle dans son blog [1] la démarche à laquelle s'est livré Giordano Bruno au XVIe siècle. Sans lunette astronomique, sans télescope, le moine observe l'Univers avec le plus bel outil qui soit :

---

1. J.-P. Luminet, « Hommage à Giordano Bruno : l'ivresse de l'infini », 2020 (https://blogs.futura-sciences.com/luminet/2020/02/17/hommage-a-giordano-bruno-livresse-de-linfini/).

l'esprit humain. Et son imagination lui démontre que le cosmos n'est pas seulement immense, mais qu'il n'a ni haut ni bas, ni centre ni bord. Giordano Bruno fait alors l'expérience de l'infini.

Dans son ouvrage *De l'infini, de l'univers et des mondes*, Giordano Bruno l'affirme :

> Il n'y a pas de fins, termes, limites ou murailles qui entravent et arrêtent l'abondance infinie des choses. C'est par elle que la terre et la mer sont fécondes ; c'est par elle que se perpétue l'éclat du soleil [...] car une nouvelle abondance de matière est engendrée éternellement par l'infini.

L'infini de Bruno se réfère donc à l'extension spatiale de l'Univers, mais se révèle aussi dans la puissance créatrice de la nature en général. Une extraordinaire intuition !

Pour l'époque, c'est en tout cas un véritable coup de tonnerre. Pendant un long périple de seize années à travers toute l'Europe, Bruno défendra vigoureusement l'idée d'un Univers sans limite et de la pluralité des mondes qui l'habitent. Il initiera une véritable révolution scientifique dans la vision que l'homme possède du cosmos, mais sa hardiesse causera malheureusement aussi sa perte : penser la pluralité des mondes était un blasphème pour la doctrine chrétienne de l'époque. Pour avoir imaginé l'infini de l'Univers, Giordano Bruno finira sur le bûcher le 17 février 1600, à Rome, sur le Campo dei Fiori (c'est-à-dire le « Champ des fleurs », quel beau nom pour un endroit si sordide...).

Des connexions intimes

Il y a une chose que Giordano Bruno ne savait pas encore à l'époque : nous possédons aussi, en nous, un Univers infini, celui de la complexité de notre cerveau. Rappelons-le : le cerveau humain est considéré comme l'objet le plus complexe. Cet organe, bien qu'il pèse à peine 1,5 kg, ne contient pas moins de 100 milliards de neurones (et quatre fois plus de cellules gliales), reliés entre eux par des millions de kilomètres d'axones (qui sont les longs prolongements entre les neurones) et un million de milliards de synapses. Un véritable Univers microscopique et biologique, d'une sophistication inimaginable.

Et s'il existait un lien entre ces deux infinis, le gigantesque et le complexe ? Récemment, deux chercheurs italiens ont mis au jour une similarité entre la configuration de nos réseaux de neurones et celle de l'ensemble des galaxies observables [1]. Bien que ces deux réseaux diffèrent par leur taille (par un facteur 10 à la puissance 27 – 1 suivi de 27 zéros !) et par les lois physiques qui les gouvernent, ils partagent certaines caractéristiques. Comme leur nombre de constituants : cent milliards de neurones dans le cerveau humain et autant de galaxies dans l'Univers.

---

1. F. Vazza, A. Feletti, « The quantitative comparison between the neuronal network and the cosmic web », *Frontiers in Physics*, 8, 2020.

Il existe également une similarité en termes de distribution des connexions. En effet, dans chaque système, les neurones et les galaxies sont connectés entre eux par de longs filaments et des nœuds qui forment un réseau extrêmement complexe. Cette architecture arbore de multiples connexions locales entre éléments voisins – neurones ou galaxies – et quelques autres réalisées par de grands faisceaux séparant des éléments éloignés (voir ci-dessous). Cette similitude de structure n'est pas une coïncidence pour les chercheurs. La comparaison quantitative suggère en effet que les mêmes processus pourraient être à l'origine de l'auto-organisation de ces structures.

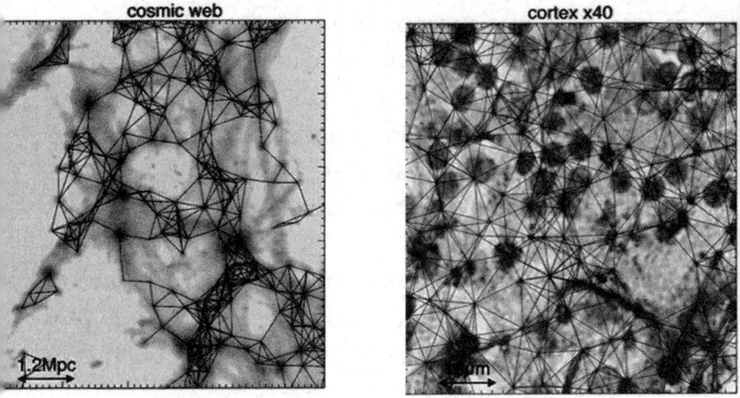

À gauche, une vue macroscopique des galaxies et, à droite, la distribution des neurones dans le cerveau. Les images montrent des similarités en termes de connexions et de distributions.

Plus précisément, le type d'organisation présente à la fois dans le réseau neuronal et dans le réseau cosmique se rapproche d'un motif que les physiciens connaissent bien et qu'ils dénomment un « petit monde » (*small world* en anglais) [1]. Il s'agit ici d'une structure de réseau qui est un compromis entre une organisation aléatoire, à haute efficacité globale pour le transfert de l'information, et une organisation locale, à haute densité de connexion (sous la forme de nœuds ou de « hubs »).

Plusieurs études confirment ainsi que ce type d'organisation est omniprésent dans de nombreux réseaux complexes dans la nature [2]. Mais, rassurez-vous, en aucun cas je ne prétends que l'Univers est un cerveau global. Ces analogies ne sont pas non plus la preuve d'un panpsychisme, dans lequel des éléments de conscience se trouvent à chaque niveau, dans chaque sous-système et dans l'Univers dans sa globalité. Toutefois, ces résultats sont étonnants : ils suggèrent qu'une loi commune est à l'œuvre dans l'organisation des systèmes très complexes. Et nous avons probablement cette structure universelle dans notre tête !

Juste une analogie, me rétorquerez-vous. Mais la coïncidence est troublante et fournit un argument de plus aux astrophysiciens « métaphysiciens », comme Hubert

---

1. D. J. Watts, S. H. Strogatz, « Collective dynamics of "small-world" networks », *Nature*, 393(6684), 1998, pp. 440-442.

2. O. Sporns, J.-D. Zwi, « The small world of the cerebral cortex », *Neuroinformatics*, 2(2), 2004, pp. 145-162.

Reeves, dont la pensée est la suivante : si nous sommes dans l'Univers, alors l'Univers est aussi en nous [1]. On sait en effet depuis plusieurs décennies maintenant qu'une large part des atomes qui constituent nos molécules (carbone, azote, phosphore, oxygène, etc.) ont été formés par fusion nucléaire dans le cœur des étoiles et dispersés à leur mort dans l'espace. Nous sommes littéralement faits de la « poussière d'étoile » qui s'est agglomérée en matière terrestre, et dont le vivant s'est servi pour construire ses briques élémentaires. Dès lors, pourquoi le cerveau ne serait-il pas le réceptacle de cette histoire ? Ne pourrait-il pas en conserver des vestiges ?

Peut-être, dans l'expérience esthétique d'un ciel étoilé, le cerveau vit-il un effet de miroir, face à sa propre ressemblance avec la mécanique de l'Univers ? À l'aune de cette réflexion, l'une des plus belles phrases de Pierre Teilhard de Chardin résonne étrangement :

> Je prends conscience de porter en moi quelque chose de plus grand et de plus nécessaire que moi ; quelque chose qui était avant moi, et qui aurait pu continuer sans moi ; quelque chose en quoi je vis et que je n'épuise pas ; quelque chose dont je profite mais dont je ne suis pas le maître.

Quoi qu'il en soit, la fenêtre ouverte sur l'infiniment grand donne lieu à de grandes interrogations,

---

1. « Neuroplanète 2020 : des cerveaux dans l'Univers », *Le Point,* 2020, (www.lepoint.fr/video/neuroplanete-2020-des-cerveaux-dans-l-univers-06-03-2020-2366026_738.php#).

mais aussi à de grandes joies. Certes, notre cerveau a besoin de la lumière du soleil (chapitre 5), mais il pourrait tout aussi bien se nourrir de l'obscurité d'une nuit étoilée. C'est l'expérience qu'avait faite, il y a plusieurs siècles, Giordano Bruno et qui est à la portée de tous après le coucher du soleil : vous aussi, allez à votre fenêtre et reliez-vous à l'Univers. Dans le noir, souvenez-vous du cadeau précieux que nous avons reçu d'être ici, à contempler l'infini et à en ressentir le souffle.

Conclusion : sortir de soi

La nature, sa protection et ses effets sur l'homme sont actuellement au centre des préoccupations de notre société. La pandémie de coronavirus a renforcé ces questionnements. Comme le note Philippe Clergeau, professeur en écologie au Muséum national d'histoire naturelle, à Paris, le confinement a souligné profondément « une envie de nature qui renvoie à l'intime de nos êtres, à un besoin viscéral [1] ». Un constat que je partage volontiers.

Malgré cet intérêt grandissant pour le lien profond qui nous relie à la nature, de manière surprenante, les premières études qui l'explorent datent seulement du début des années 1980. À l'heure actuelle, même si nous pouvons clairement affirmer – et aussi scientifiquement prouver – que la nature nous fait du bien, rationaliser cette perception positive est parfois beaucoup plus difficile.

1. V. Delourme, « Ce que le confinement a souligné profondément, c'est une envie de nature », blog Enlarge Your Paris, 14 mai 2020.

Sur la base d'un bilan des recherches actuelles, l'objectif de ce livre a été de détailler certains mécanismes mis en jeu dans le cerveau lorsqu'on entre en contact avec la nature. S'autoriser une pause au vert stimule des circuits cérébraux spécifiques qui engendrent en nous un bien-être physique et psychologique. Et une courte durée, de quelques secondes à quelques minutes, peut suffire pour en ressentir les effets.

Deux théories pour une expérience

Mais pourquoi tant d'émotion face à la nature ? Comme nous l'avons exposé, deux explications ont été données. La première, proposée par Edward O. Wilson, est la théorie de la biophilie. Elle suggère que notre cerveau a évolué en synchronie avec la nature pendant des millions d'années. Nous aimons la nature car nous avons appris à apprécier les choses qui ont longtemps servi à notre survie. Cet héritage éclaire l'énorme impact que continuent d'avoir sur nous les éléments caractéristiques d'un environnement voisin de celui de nos origines : la présence de l'eau, l'absence de bruit, la possibilité de bénéficier d'un espace ouvert, l'alternance nuit-jour… On peut illustrer ces effets en faisant le parallèle avec les animaux introduits dans un zoo. Pour que ceux-ci puissent vivre de façon correcte, il faut leur offrir ce qui se rapproche le plus de leur milieu d'origine. C'est probablement la même chose chez l'homme. L'évolution a doté notre cerveau de circuits spécifiques qui reconnaissent les éléments naturels en un quart de tour, instinctivement et involontairement. Et nous en avons tous besoin pour vivre.

Une autre explication convaincante a été aussi proposée par les scientifiques : la nature nous prodigue ses bienfaits, grâce à notre façon singulière de porter notre attention sur elle. C'est la théorie dite de la « restauration de l'attention », développée notamment par les psychologues Rachel et Stephen Kaplan [1]. En effet, les éléments naturels nous invitent à porter notre attention sur l'environnement et, par la même occasion, à cesser de ruminer des idées souvent noires. Le tout sans stimulation forte.

Pensez, par exemple, aux lents mouvements des branches, à l'écoulement de l'eau et au murmure du vent. Le processus s'enclenche sans effort particulier de votre part. Cette attraction douce et involontaire permet à nos cognitions mentales de faire une pause et favorise donc la restauration de notre capacité à nous concentrer, à avoir les idées plus claires. Pour cette raison, la simple vue des éléments naturels nous calme, abaisse notre fréquence cardiaque, limite nos ruminations cognitives, renforce notre immunité et affûte notre attention.

Certes, ces deux théories ne peuvent pas tout expliquer et présentent beaucoup de lacunes. Et, sans vouloir entrer dans un débat philosophique sur la notion

---

1. S. Kaplan, « The restorative benefits of nature : Toward an integrative framework », *Journal of Environmental Psychology*, 15(3), 1995, pp. 169-182.

d'inné et d'acquis, il est toujours difficile aujourd'hui de valider ou d'invalider l'une ou l'autre de ces visions. Par ailleurs, malgré toute leur pertinence, ces explications restent partielles, car elles abordent la relation homme-nature selon un point de vue très particulier : celui de la science, qui se pratique avec son souci d'objectivité, de mise à distance. C'est à ce titre que je partage les réflexions commencées par la philosophe Cynthia Fleury et l'écologue Anne-Caroline Prévot, qui s'interrogent sur notre passivité face à la crise écologique. « Savoir ne suffit visiblement pas. Il faut le vécu. L'expérience [1]. »

Une pure approche intellectuelle où l'on essaye de décortiquer tous les mécanismes, mesurables ou observables de l'extérieur, ne suffit pas à traduire totalement la profondeur de notre relation au vivant. D'après moi, et comme je l'ai suggéré tout au long de ces pages, la nature se laisse surtout expérimenter à travers les sens et l'immersion directe qu'offre chaque environnement particulier. Avant toute compréhension scientifique, cela reste une expérience personnelle et vécue à la première personne.

Le fruit d'une union intime

Nous avons tendance à l'oublier, la nature n'est pas un environnement comme les autres. Ce n'est pas

1. C. Fleury, A.-C. Prévot, *Le Souci de la nature*, CNRS Éditions, 2017.

qu'un simple décor ou un spectacle dont nous serions les témoins passifs. C'est une erreur de croire que nous sommes des « sujets » séparés des « objets » extérieurs qui nous entourent. D'un côté, il y aurait notre corps, notre esprit, nos émotions, notre intellect... Et, de l'autre, l'environnement où nous vivons, un espace non humain, uniforme et neutre. Non – et la science est unanime !

Les liens entre l'individu et son environnement ne sauraient s'interpréter en des termes dualistes comme le dehors et le dedans, ou entre le soi et le non-soi. Le meilleur exemple est celui du microbiote (chapitre 10) : nous vivons en symbiose avec des milliards de micro-organismes qui existent à la fois à l'intérieur et à l'extérieur de nous. Nous baignons dans un écosystème global qui nous colonise et fait partie intégrante de nous-mêmes. Ainsi, le concept de séparation du soi et du non-soi a perdu de sa pertinence et, au vu de ces connaissances récentes, la vie est le fruit d'une continuité biologique qui va bien au-delà de notre propre corps.

D'une manière plus radicale encore, même lorsque nous vivons dans un environnement urbain, artificiel, nous ne sommes jamais totalement coupés de la nature. Même lorsque nous ne voulons rien en savoir, nous conservons en nous une longue histoire commune. Celle-ci se manifeste, par exemple, par les horloges biologiques qui organisent le sommeil, l'appétit, la vigilance, l'humeur et qui sont présentes jusqu'au plus profond de nos gènes (chapitre 8). La nature n'est pas seulement à l'extérieur de nous, elle est toujours à l'intérieur, en raison de cet héritage biologique. Tout au fond de notre être (dans notre ventre dans le cas du microbiote), à la simple vision de petits éléments comme de l'eau, des plantes, un animal ou même quelques étoiles, nous sentons immédiatement que quelque chose en nous commence à vibrer, à palpiter.

Laisser-faire !

Selon moi, l'expérience immersive de la nature est essentiellement non intellectuelle, charnelle. Mais il ne suffit pas d'exprimer son ressenti ou son émotion pour être automatiquement connecté à la nature. Ce n'est qu'un premier pas. Cela peut aussi constituer un leurre, par exemple pour certaines personnes en quête de sensations fortes au contact des éléments naturels. Beaucoup des motivations de ces comportements « naturalistes » sont hédonistes, et leurs satisfactions souvent très superficielles.

En fait, il n'y a même pas besoin de spectaculaire, plutôt de petits moments d'écoute qui s'inscrivent durablement en nous. À vous d'en chercher les écrins : les jardins publics, quelques arbres sur une place à l'abri du tumulte de la rue ou des plantes sur une terrasse, etc., forment même dans les villes des enclaves de silence, certes cernées par le bruit, mais où chacun est à même de goûter le calme naturel et de se retrouver. Insistons sur ce point : la nature n'est pas une réalité extraordinaire, réservée à quelques passionnés, en des lieux exclusifs et exotiques. La seule vision d'un espace vert ou, mieux, une balade en forêt peuvent apporter les premiers bienfaits.

À l'inverse, il faut apprendre à écouter la nature, à la laisser venir à soi, à se laisser envahir par ses sensations multiples. Ces expériences polysensorielles, vécues dans leur globalité, sont bien connues des peintres, lorsqu'ils nous disent qu'ils entreprennent de « laisser » les choses apparaître d'elles-mêmes à leur regard, afin d'être alors en mesure de les représenter (chapitre 6). Et c'est, en grande partie, dans le cerveau que cela prend forme. Nous l'avons pointé avec l'exemple des couleurs, ce que nous percevons comme étant la nature n'est pas la nature elle-même, ainsi que nous aurions tendance à le croire, mais le résultat d'une rencontre.

Mais savons-nous encore faire cette rencontre ? De fait, lorsque nous nous trouvons dans la nature, dans un bois par exemple, une grande part de ce que nous percevons et ressentons nous échappe, et il faut (ré)apprendre à écouter, à rencontrer sa réalité vivante. Au lieu de se contenter d'observer, il s'agit d'adopter un mode plus réceptif. On doit laisser les couleurs, les formes, les mouvements, les sons venir à soi, laisser l'atmosphère et le rythme particulier qui émanent du paysage vous imprégner, à la façon d'un parfum ou d'une musique. Le paysage n'est plus observé ou perçu, mais ressenti et éprouvé. La nature résonne comme dans un espace commun où le monde et le moi se rejoignent.

Ce constat n'est pas une théorie de philosophe ou une hypothèse hasardée par une vision mystique, il s'agit d'une véritable démarche scientifique, développée par exemple par le biologiste Francisco Varela [1]. Selon ce chercheur, la pensée humaine s'étend bien au-delà du cerveau : elle inclut le corps et son environnement, dépassant en cela ses frontières physiologiques. Notre être n'émerge pas de façon isolée, mais, dans la mesure où les limites du corps sont ouvertes, il se constitue à la suite d'échanges complexes qui relient le cerveau, le corps et l'environnement par des boucles d'influences réciproques. C'est dans ce cadre qu'il nous faut comprendre notre relation à la nature. C'est bien le point de vue que défend la philosophe Claire Petitmengin :

> L'enjeu n'est pas de reconnaître des interrelations, de rétablir des connexions, de réparer ou de tisser des liens entre l'« humain » et la « nature » conçus comme séparés, mais de réaliser leur unité au cœur de l'expérience [2].

Nos sens à distance

Cette expérience de la nature me paraît plus que jamais d'actualité, à l'heure où les bouleversements

1. E. Rosch, E. Thompson, F. Varela, « La couleur des idées », in *L'Inscription corporelle de l'esprit. Sciences cognitives et expérience humaine*, Seuil, 1993.

2. Claire Petitmengin, « S'ancrer dans l'expérience vécue comme acte de résistance », Séminaire en ligne du Labo de micro-phénoménologie, 2020.

climatiques nous obligent à repenser les rapports entre l'humain et le non-humain. Nous arrivons ainsi à l'enjeu principal : j'ai la conviction que la préservation de la biosphère est intimement liée à cette capacité de faire l'expérience de la nature.

Avec raison, les écologistes nous alertent sur l'extinction massive de nombreuses espèces végétales et animales sous l'effet des pollutions, de la surexploitation des ressources naturelles et de la destruction des habitats animaliers. Il a ainsi été estimé que plus de la moitié des espèces vivantes pourraient s'éteindre avant 2100 [1]. Pourtant, l'extinction du vivant n'est pas le seul problème. En s'intéressant surtout à la faune et à la flore réellement menacées, on néglige souvent une autre forme de perte susceptible d'avoir des conséquences tout aussi dramatiques : la perte de l'expérience de la nature.

Un nombre grandissant de personnes ne vivent qu'avec « un soupçon de nature dans leurs vies » [2]. Sans cette expérience, l'individu oblitère la capacité innée d'éveiller en lui ce lien avec le monde naturel. Certains auteurs parlent très justement, comme l'écologue américain Robert Pyle, d'une « extinction de l'expérience de la nature » [3] ou d'un « déficit de nature » [4].

---

1. Agence Science-Presse, « La 6e extinction », 17 septembre 2007.

2. R. M. Pyle, *L'Extinction de l'expérience*, 2016.

3. J. R. Miller, « Biodiversity conservation and the extinction of experience », *Trends in Ecology & Evolution*, 20, 2005, pp. 430-434.

4. François Cardinal, *Perdus sans la nature*, Éditions Québec Amérique, 2010.

Et il y a urgence : depuis la révolution industrielle, les Terriens se sont graduellement éloignés du vivant. Leur vie est régulée non pas par le soleil, mais bien plutôt par les horloges des transports en commun ou aujourd'hui par les alarmes des téléphones portables. Et, en effet, la situation s'est aggravée avec la survenue d'Internet et des autres technologies numériques, qui repoussent encore plus loin tout contact intime avec un environnement naturel. Les champs et forêts disparaissent de nos espaces de vie, en voie d'artificialisation effrénée, et nous vivons principalement dans des cercles pensés et construits par l'homme et pour l'homme. Les rencontres avec la diversité animale et végétale se raréfient. Ce qui nous fait défaut alors, c'est surtout cette expérience qui s'amenuise peu à peu jusqu'à disparaître totalement.

Un jardin pour l'entreprise

Une chose est certaine : sur le long terme, se déconnecter de la nature crée un déséquilibre dans notre physiologie et notre psychologie. En ville, nous habitons un environnement saturé par les activités humaines, où l'attention est sollicitée en permanence. Au travail, les choses sont encore pires : s'y additionnent un niveau de bruit trop élevé, un rapport au temps qui n'est plus circadien, une pression de la performance et une profusion d'informations qui accaparent notre attention, jour et nuit, et épuisent finalement notre cerveau.

À cet égard, les travaux de Gloria Mark [1], de l'université de Californie, à Irvine, sont accablants. Ils rapportent qu'en moyenne les salariés en open space passent d'une tâche à l'autre environ toutes les onze minutes et sont interrompus dans presque 60 % des cas ! Après une interruption, il faut environ vingt-cinq minutes pour revenir dans l'action en cours [2]. On perd très vite le fil de ce que l'on fait. Le résultat de toutes ces interruptions ? La « surcharge cognitive » : le cerveau s'essouffle, se fatigue et s'épuise. La situation conduit inévitablement à un état de mal-être et de stress. De fait, 70 % des cadres déclarent en souffrir, selon l'Observatoire sur la responsabilité sociétale des entreprises (2011).

C'est dans ce domaine que le contact avec la nature offre une solution efficace. Même au bureau, il existe toujours de petits espaces verts, et un simple coup d'œil par la fenêtre peut suffire à conjurer les interruptions d'attention au travail [3]. Pour cela, des baies vitrées offrant de larges vues sur un dehors naturel permettent à chacun de s'évader mentalement pendant quelques secondes. Ces « micropauses » visuelles

---

1. G. Mark, V. M. Gonzalez, J. Harris, « No task left behind ? Examining the nature of fragmented work », *Proceedings of ACM CHI*, 2005.

2. G. Mark, D. Gudith, U. Klocke, « The cost of interrupted work : more speed and stress », *Proceedings of the SIGCHI Conference on Human Factors in Computing Systems*, 2008, pp. 107-110.

3. K. E. Lee, *et al.*, « 40-second green roof views sustain attention : The role of micro-breaks in attention restoration », *Journal of Environmental Psychology*, 42, 2015.

améliorent le bien-être des employés, leur performance et leur motivation. En outre, on l'a vu, elles sont également source de lumière naturelle, dont les bénéfices sont avérés sur l'humeur et la bonne santé.

Enfin, plusieurs recherches attestent les effets positifs de la simple présence de plantes dans les bureaux. La plus grande étude a été faite dans le cadre du rapport « Human Spaces » sur l'impact mondial de l'aménagement biophile en milieu de travail [1]. Elle a été menée auprès de 7 600 employés de bureau dans 16 pays et s'est intéressée à l'effet de l'environnement physique de travail sur le bien-être du personnel. Sans équivoque, les employés travaillant dans un milieu comptant des éléments naturels rapportent que leur bien-être est supérieur, que leur productivité s'accroît et que leur créativité générale progresse. Globalement, quand on travaille dans un bureau aménagé avec des plantes, on se sent moins stressé et on est plus productif. Quelque chose d'aussi modeste qu'une plante d'intérieur ou même une simple photo de la nature peut déjà avoir un effet bénéfique.

Prenant acte de ces résultats, une discipline nouvelle s'est même créée : la neuro-architecture. Son objectif est de concevoir des espaces et des bâtiments axés sur le fonctionnement du cerveau afin que les occupants s'y sentent bien. Elle prend spécifiquement en compte l'emplacement des éléments naturels, mais aussi la lumière des fenêtres, les angles des murs, les

---

1. C. Cooper, « Human spaces : the global impact of biophilic design in the workplace », 2015.

couleurs, les textures, les espaces ouverts et les sons. Toute notre biophilie est prise en considération, pour que l'on se sente bien à l'intérieur d'un bâtiment.

Un jardin pour l'école

Ce n'est pas tout. Ainsi que nous l'avons souligné, les recherches récentes montrent que la relation à la nature est aussi très importante pour la santé physique et mentale des enfants. La situation est là aussi inquiétante. Comme le soulignent divers rapports récents [1], de multiples indicateurs laissent à penser qu'une proportion importante d'enfants souffre de troubles mentaux.

Mais comment pouvons-nous réveiller leur biophilie ? D'abord, les parents sont libres d'inciter les enfants à régulièrement fréquenter la nature et à multiplier les occasions de la rencontrer, dès le plus jeune âge. Car le sentiment d'être connecté à la nature trouve son origine dans l'enfance : les liens affectifs que nous nouons très tôt avec les paysages autour de nous ont une influence sur nos rapports environnementaux à l'âge adulte. Malheureusement, de génération en génération, les jeunes vivent de moins en moins en contact avec la nature.

Ensuite, l'école porte aussi une part de responsabilité. Il s'agit de prendre des mesures de façon à encourager les jeunes à développer et à entretenir des

1. Inserm, « Troubles mentaux : Dépistage et prévention chez l'enfant et l'adolescent », 2002.

relations avec la nature, le plus tôt et le plus régulièrement possible. Dans un cadre scolaire, les recherches montrent, en effet, les bénéfices des activités en plein air sur le comportement des enfants, en réduisant considérablement leur agressivité et leur agitation. En outre, certains résultats indiquent que les activités en plein air intégrées aux pratiques pédagogiques sont susceptibles de favoriser leur motricité [1] ou d'améliorer – bien que d'une façon limitée – leurs résultats scolaires [2].

Au risque de me répéter, un simple coup d'œil sur du vert suffit à produire de premiers effets bénéfiques. Dans les écoles, il est vital de privilégier les vues sur des environnements naturels dans les salles de classe, les espaces d'accueil ou les cantines. Par le biais de ce décor, entraperçu par la fenêtre, les enfants ont la possibilité de faire ces fameuses « micro-expériences restauratrices » capables de réduire leur fatigue cognitive, et d'apprendre ensuite plus efficacement. Bien sûr, agir pour améliorer la santé mentale des plus jeunes n'est pas une tâche facile et nécessitera beaucoup d'efforts, notamment dans le domaine de la formation. Mais on ne peut espérer sans elle améliorer le développement psychomoteur, intellectuel et affectif des enfants.

---

1. I. Fjørtoft, « Landscape as playscape : the effects of natural environments on children's play and motor development », *Children, Youth and Environments*, 14(2), 2004, pp. 21-44.

2. D. J. Bowen, J. T. Neill, « A meta-analysis of adventure therapy outcomes and moderators », *The Open Psychology Journal*, 6(1), 2013, pp. 28-53.

Un jardin pour guérir

Les effets sont si puissants qu'ils peuvent être mis à profit dans un but médical. Sur la base des travaux précédemment cités, la possibilité de donner accès, dans les centres de soins, à des vues vers la nature est bénéfique pour les patients en souffrance.

Bien sûr, les plantes et les fleurs dans les chambres d'hôpital soulèvent des problèmes liés aux infections que celles-ci peuvent entraîner. Mais pourquoi ne pas les rendre alors facilement accessibles à l'extérieur ? C'est l'idée du jardin thérapeutique. Il trouve son origine après la Seconde Guerre mondiale dans la réadaptation des soldats britanniques et américains revenus gravement traumatisés du champ de bataille. Ces lieux ont connu un large succès et existent aujourd'hui dans les pays nordiques, au Royaume-Uni et aux Pays-Bas, ainsi qu'en plusieurs pays asiatiques comme le Japon ou la Corée du Sud. En France, la tendance est plus timide, mais certains jardins thérapeutiques sont apparus en Ehpad et en milieu hospitalier.

Un bel exemple est le jardin créé en 2010 sous l'égide du Dr Thérèse Jonveaux dans le Centre hospitalier régional et universitaire (CHRU) de Nancy (voir p. 258). C'est une oasis de verdure pour les patients âgés atteints de maladies neurodégénératives comme Alzheimer. Les mouvements à travers ce jardin favorisent le repérage spatial et temporel des patients, tout en leur offrant un cadre agréable qui stimule leurs sens et sollicite leurs fonctions cognitives. L'endroit sert aussi de terrain à des études

Implanté en 2010, le jardin thérapeutique au sein du CHRU de Nancy est situé en pleine ville. L'initiatrice du projet était convaincue qu'il allait apporter un bien-être à ses patients, en particulier ceux atteints de la maladie d'Alzheimer.

scientifiques, qui viennent confirmer d'autres travaux [1] et démontrent de réels bénéfices sur les patients.

La nature à l'épreuve

D'une manière plus générale, toutes les recherches que j'ai abordées dans ce livre démontrent que seule la puissance d'un « dehors » ou d'un « autre » non humain permet de limiter les effets négatifs de certains environnements (bureaux, écoles, hôpitaux) et du

1. En particulier, les travaux de Clare Cooper Marcus, professeur à l'université de Berkeley, qu'elle décrit dans son livre *Healing Gardens,* John Wiley & Sons, 1999.

mode de vie moderne, dont l'intensité est source d'un épuisement pour l'individu. C'est surtout là, dans le quotidien des villes, que la reconnexion avec la nature me semble essentielle pour que le cerveau des citadins retrouve le calme, la détente et l'apaisement dont il a besoin pour se régénérer.

Le défi consiste surtout à mieux comprendre comment les éléments naturels peuvent être intégrés de manière optimale dans les villes et à concevoir intelligemment les espaces de vie pour améliorer le bien-être, qu'il s'agisse d'un bureau moins stressant, d'une école propice à une meilleure éducation ou d'un hôpital favorisant la récupération. Les recherches se multiplient dans ce domaine.

C'est en particulier l'objectif que s'est fixé un texte inaugural que j'ai déjà cité, publié en 2019 dans la revue *Science*[1] et rédigé par 26 scientifiques du monde entier. La publication commence en exposant l'actuel consensus sur l'impact de la nature en ville : amélioration du bien-être (émotions positives, joie, interactions sociales salutaires), augmentation des performances (amélioration de la créativité, des capacités cognitives à l'école ou au travail) et diminution des problèmes psychologiques (réduction de la détresse mentale, de l'anxiété et de la dépression).

Mais les chercheurs vont plus loin qu'un simple constat et proposent une véritable méthode qui vise à

---

1. G. N. Bartman, C. B. Anderson, M. G. Berman, *et al.*, « Nature and mental health : an ecosystem service perspective », *Science Advances,* 5, 2019, pp. 1-14.

évaluer quantitativement les effets de la nature sur les individus, afin d'émettre, entre autres, des recommandations en santé publique dans le domaine de l'urbanisme (voir ci-contre). En effet, la multiplicité des mécanismes mis en jeu est telle qu'il est parfois difficile d'en isoler les composantes principales. Ainsi, les chercheurs ont introduit le concept de « dose » de nature, permettant d'associer des durées, des fréquences et des intensités différentes d'expériences et d'exposition à la nature. Ce concept n'est pas très poétique, il faut le reconnaître, mais il conduit à instaurer des mesures quantitatives. Prosaïquement, donc, il s'agit de quantifier comment les bénéfices issus de la relation à la nature dépendent de la « dose de nature reçue ».

Îlots de nature

À l'heure où plus de la moitié de la population mondiale est constituée de citadins, le défi écologique de la planète se jouera dans les villes. Et les spécialistes le répètent : les espaces naturels rendent d'inestimables services en matière d'adaptation au changement climatique, en particulier par leurs pouvoirs rafraîchissants. En cas de canicule, par exemple, ils sont comme des îlots de fraîcheur où les citadins peuvent venir se réfugier. Outre les effets sur la chaleur, si on l'intègre de façon systématique dans les aménagements urbains, le végétal apporte une solution concrète pour réduire la pollution – les végétaux

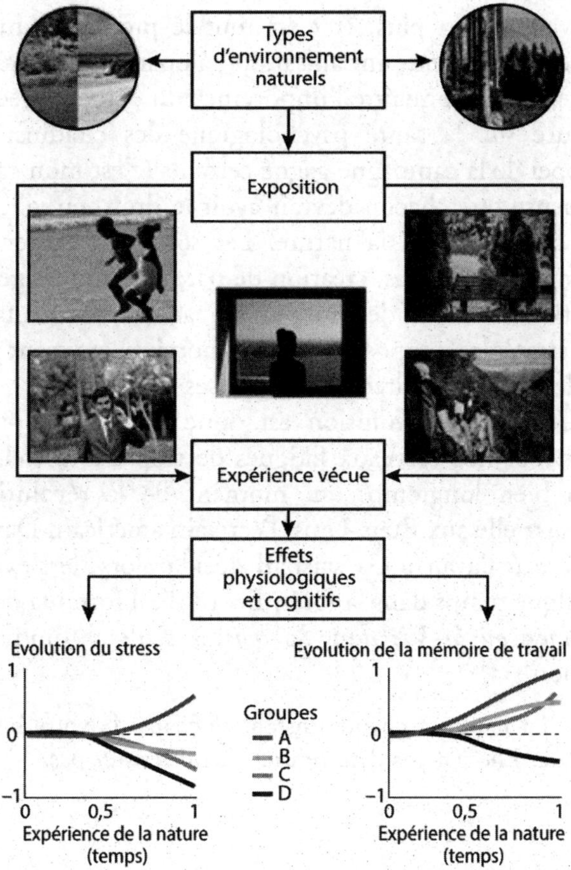

Proposition de plusieurs critères pour évaluer les bénéfices des environnements naturels dans les villes.

fixent certains polluants – ou même le bruit, puisque les arbres absorbent fortement certaines fréquences sonores.

Mais il y a plus, et c'est tout le propos de mon livre : face à cette urbanisation galopante, il est aussi urgent de reconnaître l'importance du contact avec la nature sur la santé psychologique des citadins. Si l'appel de la campagne gagne certains (c'est mon cas), je pense que chacun devrait avoir le droit, en ville, à un accès facile à la nature. Les solutions existent : plantation d'arbres, création de parcs urbains, végétalisation de toits, de murs et de façades sont autant de stratégies proposées par un nombre croissant de collectivités, architectes, entreprises et citoyens.

Une petite révolution est donc en marche pour revivifier nos cerveaux fatigués de trop d'artificiel. Il y a bien longtemps, au moment de la révolution industrielle aux États-Unis, l'écrivain américain David Thoreau l'avait aussi saisi. Il décida alors de s'exiler quelque temps dans la forêt. En 1845, il formula dans *Walden ou la Vie dans les bois* sa seule recommandation :

> La nature à chaque instant s'occupe de votre bien-être. Elle n'a pas d'autre fin. Ne lui résistez pas.

CRÉDITS

P. 28 : *Jeune fille rousse assise sur la véranda*, Berthe Morisot. Huile sur toile (1884). Collection privée.

P. 76 : *Le moine au bord de la mer*, Caspar David Friedrich. Huile sur toile (entre 1808 et 1810). Alte Nationalgalerie, Berlin.

P. 129 : Détail de l'exposition Cézanne *site/non-site*, présentée au Musée Thyssen-Bornemisza à Madrid le 3 février 2014. *Montagne Sainte-Victoire*, Paul Cézanne. Huile sur toile (c. 1904). The Cleveland Museum of Art, Cleveland.

P. 217 : Le Mont Fuji, Katsushika Hokusai. Aquarelle (entre 1830 et 1850). Library of Congress, Washington D.C.

Infographies : Laurent Blondel/Corédoc.

Table

Cet ouvrage a été mis en pages par

<pixellence>

N° d'édition : 677639-0
Dépôt légal : janvier 2024
Imprimé en Espagne par Novoprint (Barcelone)
Achevé d'imprimer en août 2025